THE UNITED STATES OF AMERICA
IN GOD WE TRUST
ONE HUNDRED DOLLARS
DB 22369784 D
100

破滅する世界経済と日本の危機

The ruin of the world economy and Japan's crisis

ベンジャミン・フルフォード *Benjamin Fulford*

かや書房

はじめに

２０２２年はロシアのウクライナ侵攻に翻弄された1年だったといっていいだろう。

当初はロシアの圧倒的な軍事力を前にして、ウクライナはすぐにでも白旗を揚げるだろうという予想が一般的だった。しかし、いざ戦闘が始まると西側諸国によるウクライナへの支援もあって、２０２２年12月現在でも両国の衝突は終結していない。

その間、世界の経済は大混乱を来した。

ロシアのウクライナ侵攻を受けて、西側諸国はロシアに対する経済制裁に踏み切ったが、経済的な混乱を被ったのは逆に西側諸国の方だった。仮想通貨は暴落し、株価も下落傾向を続けた。

エネルギー危機も叫ばれた。

特にヨーロッパ諸国はロシアからパイプライン経由で天然ガスの供給を受けており、ロシアからの供給が止まれば、一気に危機的な状況に陥ることになる。実際にロシアからの供給が減少されたとたん、ガス料金が跳ね上がり、一般庶民だけでなく製造業者にも大打撃を与えることになった。

そして世界のエネルギー供給のバランスが崩れたことで、ガス料金だけでなく石油価格にも影響が波及し、エネルギー価格が高騰した結果、日本の物価も大きく上げる要因になったことは皆さんもご存知だろう。

さらには食料危機も大きな問題となった。

ウクライナは「世界の穀倉地帯」と称されるほど小麦などの穀物を生産して世界に輸出していたが、ロシアのウクライナ侵攻を受けて輸出が止まり、一気に食料危機が高まることになった。その結果、世界の食料価格が上昇し、エネルギー危機とあいまって、世界的なインフレが加速されることになった。

世界は今、経済的な危機に陥っているといっても過言ではない。いや、世界経済は破滅しつつあると言い換えてもいいだろう。

このような混乱を招いたのは、ウクライナに侵攻したロシアのせいだと断言するのは早計すぎる。なぜロシアがウクライナに侵攻しなければならなかったのか、本書では詳しく述べていくが、ロシアのウクライナ侵攻は「ハザールマフィア」への攻撃に他ならなかったのだ。

ハザールマフィアとは、私の過去の著作を読んでいる方ならすでにご存知だろうが、アメリカを操り、西側諸国を支配下に置き、金融や経済を管理して世界の覇権を握ってきたほんの一握りのエリート集団のことだ。彼らは世界の富を独占する超富裕層であり、特権階級である。さらに大手マスコミも操り、世界中の人々を思うままにコントロールさえしてきた。しかし、この「闇の支配者」として君臨してきたハザールマフィアの力が近年、弱まりつつある。

その原因の一つにあるのは、ハザールマフィアが操ってきたアメリカの国家倒産（デフォルト）問題にある。ハザールマフィアが巣くうアメリカ政府の債務残高の総額は、今や200兆ドルを優に超えており、すでにアメリカは倒産しているのだ。公にされてはいないが、2020年1月31日にアメリカは不渡りを出し、実質的に倒産してしまったという事実もある。中国との密約が成立したおかげでアメリカは一時的に難を逃れることができたが、この倒産問題は現在もいっこうに解消されてはいない。

このアメリカの倒産問題をごまかすために、ハザールマフィアはあらゆる手段を講じてきた。その最たるものは、新型コロナウイルスの騒動だった。彼らは新型コロナウイルスの騒動をあおって世界を混乱させ、アメリカの倒産問題をうやむやにしようとした。しかも、新型コロナウイルスの感染や重症化の予防に効果があるとして、ワクチン接種を勧めるキャンペーンを世界的規模で展開していった。

このような新型コロナウイルスの騒動と、それに続いて行われたワクチンキャンペーンの結果、世界経済は停滞し、危機的状況に陥った。しかし、その一方でハザールマフィアは巨額の富を手にしていたのだ。

フランスに本部を置く研究機関「世界不平等研究所」が2021年12月に発表した報告書を見ても、世界の成人人口の上位1％に当たる5100万人の富裕層だけで、世界全体の個人資産の約38・8％を保有しており、さらに富裕層の最上位の2750人だけで世界の富の約3・5％に当たる13兆ドル（約1800兆円）を占めているとされる。まさに私がいうハザールマフィアとは、ここで述べられている世界の富を独占している最富裕層に属する人間たちである。また彼らは、名前が表に出なくても財団などを通してさまざまな分野で影響力を保持し、最終的に莫大な利益を吸い上げているのだ。

しかも、新型コロナウイルスの騒動が始まる前に比べると、富裕層の資産が増えている実態が同報告書で述べられている。このようにハザールマフィアは危機をあおりながら、自らの富を増加させているという巧妙で一筋縄にはいかない存在なのだ。


ハザールマフィアの存在はこれまで闇に包まれていたが、近年、明らかになろうとしている。アメリカのドナルド・トランプ前大統領が当時、闇の支配者の存在を暴露し、「ディープステート」と命名して公然と非難した。その結果、世界の人々もこの闇の支配者の存在を知るようになった。

まさにこのディープステートこそ、私がいうハザールマフィアのことである。具体的な構成メンバーも次第に明らかになってきている。

国際金融体制を支配下に置いたロスチャイルド一族や、石油ビジネスを牛耳ってきたロックフェラー一族などの他、イギリス王室を代表とするヨーロッパ貴族、ローマ教皇が頂点に立つキリスト教勢力などとも深く結び付いている。

しかも彼らの根底にある思想は、「人類の9割を抹殺し、残りの人間を自分たちの奴隷にして支配する」という悪魔的なものでもある。新型コロナウイルスといった疫病などで、たとえ人々が命を落とすことになっても彼らが平気なのは、このような悪魔的な思想を持っているからに他ならない。

しかし、ハザールマフィアの存在が明るみに出てきた結果、人々の意識が変わったことも確かである。それまで人々は、大手マスコミの垂れ流す情報に洗脳され続けてきた。だが、インターネットの普及とともに真実の情報を入手したことで、ハザールマフィアに対抗するような動きを取るようになってきた。ハザールマフィアが推進している新型コロナウイルスのワクチンキャンペーンに世界中の人々が反対の声を上げたことも、その最たる例だろう。これまでのようにハザールマフィアの言いなりにはならなくなったのだ。このような現状こそ、ハザールマフィアの力が弱体化した証拠だといえる。

また、イギリスのエリザベス女王の死もハザールマフィアの弱体化の象徴ともいえる。紆余曲折はあったものの、ハザールマフィア側の人間として君臨してきたエリザベス女王の死が公表されたということは、一つの時代の終わりを意味する。そして、ハザールマフィアの最高峰で、何かしらの大変化が起きようとしているのだ。エリザベス女王は生前にハザールマフィアからの離脱を考えていたという情報もあるほどだ。

ロシアがウクライナ侵攻という名目でハザールマフィアへの攻撃を開始した結果、世界は混乱し、これまでの経済システムが崩壊しつつある。さらに今、世界中のさまざまな分野でハザールマフィア対反ハザールマフィアの戦いが繰り広げられようとしている。それはまさにハイブリットな戦いであり、見方によれば第3次世界大戦がすでに始まったといっても過言ではない。ハザールマフィアは窮地に陥っている。それはハザールマフィアの支配下にあった西側諸国が追い込まれているということでもある。

一方、日本はどうだろうか。

これまで日本の政府は、ハザールマフィアの忠実な下僕として振る舞ってきた。現在、岸田文雄政権の支持率が下落していることからも分かるとおり、日本は記録的な円安や物価上昇などに有効な手を打てず、危機的状況にある。果たして日本は、この難局を乗り越えられるだろうか。

さらに、安倍晋三元首相が凶弾に倒れたことで、旧統一教会と自民党の関係が明らかになろうとしている。日本の闇の一つが暴かれつつあるのだ。これもハザールマフィアの影響力が低下しているからだとも考えられる。


とはいえ、いくら弱体化したといっても、ハザールマフィアがそう簡単に白旗を揚げるはずがない。何度も言うようだが、ハザールマフィアは実に巧妙で一筋縄ではいかない。ロシアのウクライナ侵攻はハザールマフィアへの攻撃だったと先に述べたが、そのハザールマフィアがロシアのウクライナ侵攻をあおっているという事実もあるのだ。このことも本書で詳しく説明していきたい。

今後の世界はどうなっていくのか。本書はハザールマフィアの巧妙な動きを追うことで、新たな世界の構築を見据えながら、現在の世界経済と日本の危機について述べていく。

世界は今、大変革の時を迎えているのだ。

破滅する世界経済と日本の危機

◆目次

第1章

プーチンがウクライナで戦う「本当の敵」

「犯罪国家」ウクライナの闇

ウクライナは「ロシアの領土」

2022年2月24日、ロシアのウラジーミル・プーチン大統領がウクライナの東部地区への軍事作戦を開始すると発表し、ロシア軍によるウクライナ侵攻が始まった。

この軍事侵攻を受けて、アメリカを筆頭とする西側諸国が一斉に抗議の声を上げた。特にNATO（北大西洋条約機構）は、これまで緩衝地帯であったウクライナにロシアが軍事侵攻したことで均衡状態が崩れ、一気に全面戦争の火種になりかねないとして、緊張を強いられることになった。抗議の声を上げるのは当然のことである。

しかし、なぜロシアがウクライナに軍事侵攻をしたのか。その背景にあるものを知っていなければ、本当の意味でロシアによるウクライナ侵攻を理解できない。

そもそも、ウクライナは国際法上の観点から見れば、現在でもソ連もしくはロシアの領土の一部であることをご存知だろうか。

ソビエト社会主義共和国連邦は1991年12月26日に崩壊したことになっている。しかし、実はいまだに国連の登録から抹消されていない。つまり国際法的には、まだソ連という国が存在しており、その領土であったウクライナは現在でもソ連もしくはロシアの領土であるということになるのだ。

実際問題として、ソ連の主権を受け継いだロシアは、これまで一度もウクライナを含む旧ソ連領土の国々を独立国家として認めていない。

そうであるならば、大手マスコミの中には今回のロシアによるウクライナ侵攻を「侵略」という言葉で表現するところもあるが、国際法的には間違いとなる。「侵略」とはあくまでも他国の領域に侵入する意味だからである。

これらの事実を別の言い方で表現すれば、ウクライナの国境は国連に正式に登録されておらず、国際法的にはいまだに国境が定まっていないのだ。２０１４年3月にウクライナの領土とされていたクリミア半島をロシアが併合したが、これも理屈的にはウクライナの主権を侵したことにはならない。

だからといって、今回のロシアによるウクライナ侵攻が正当化されるわけではないが、国際法上の観点から見れば、ロシアの行為は決して非難されるべきものではないのだ。

さらにプーチンは、ウクライナに軍事侵攻する直前の2月21日の記者会見で次のようなことを述べている。

「現在のウクライナの領土は共産主義ロシアのボリシェヴィキによってつくられた……」

これは非常に興味深い発言である。

ウクライナは「ハザールマフィア」の故郷

もともと現在のウクライナの地は、中世に存在したハザール王国の領地と大きく重なっている。何を隠そう、このハザール王国こそ、私が「ハザールマフィア」と呼んでいる超特権階級に属する者たちの故郷である。試しにウクライナの国章とハザール王国の国章をインターネットで調べてみるといい。ほとんど同じだということが分かる。

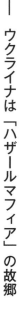

このハザール王国は自分たち以外の人間を家畜として扱い、奴隷商人の国家として繁栄していたが、11世紀にロシアとその周辺国、ならびに東ローマ帝国（ビザンツ帝国）の同盟軍に侵攻されて滅亡してしまった。そのとき、ハザール王国の支配階級がヨーロッパに逃げてアシュケナージ系ユダヤ人を名乗り、後にヨーロッパとアメリカの権力中枢を乗っ取っていく。これが現在のハザールマフィアである。

ハザールマフィアは1913年にアメリカの中央銀行であるＦＲＢ（連邦準備理事会）を乗っ取ることに成功すると、その経済力を使って1917年にロシア革命を勃発させた。このロシア革命を指導したウラジーミル・レーニンやレフ・トロツキーを工作員としてロシアに派遣したのが、ジョン・Ｄ・ロックフェラー1世であった。このことは歴史的事実として分かっているが、このロックフェラー1世こそハザールマフィアの中枢にいた人物であった。

さらにハザールマフィアは、ハザール王国を滅亡に追い込んだロシアに対する報復といわんばかりに、共産革命とソ連支配の名の下にロシア人を5000万人以上も殺していく。

レーニン亡き後に絶大な権力を握ったヨシフ・スターリンは、ウクライナに極めて苛烈な弾圧を行った。スターリンは1932年から1933年にかけて、ウクライノに住むロシア人の食料を強制的に奪い取り、「ホロドモール」と称される人為的な大飢饉を発生させて、数百万人とされる餓死者を出した。

その後、ハザールマフィアの傀儡《かいらい》であるスターリンが率いるボリシェヴィキ（ロシア社会労働党左派。ロシア共産党の前身）がポーランド、ルーマニア、ハンガリーの一部の領土、ロシア領のクリミアを与えて、ハザール王国のかつての領地にウクライナを作っていった。

ウクライナ侵攻直前にプーチンが述べた「現在のウクライナの領土は共産主義ロシアのボリシェヴィキによってつくられた……」という言葉は、まさにこのような歴史的事実を指しているのだ。つまりプーチンは、現在のウクライナはロックフェラー一族やロスチャイルド一族を筆頭とするハザールマフィアの支配国家であることを歴史的な観点からはっきりと認識していたともいえる。プーチンからすれば、自分たちの土地をハザールマフィアから奪い返したいと主張しているのだ。

さらにプーチンはウクライナへの侵攻にあたって、「ウクライナを〝ネオナチ〟から守るため」という理由も掲げていた。これもまたプーチンがハザールマフィアを意識している証拠でもある。

ネオナチ部隊と「悪魔の儀式」

ネオナチと呼ばれている勢力は、アドルフ・ヒトラーが率いたドイツのナチス党を信奉する極右民族主義者と一般的には理解されている。ロシア側の言い分によれば、このネオナチがすでにウクライナの政府内部まで入り込んでいるとして、ロシアはこのような勢力からウクライナを守るために侵攻したと正当化している。

プーチンが名指したこのネオナチも、ハザールマフィア側の勢力に他ならない。そもそもヒトラー率いるナチスドイツが行おうとしたことは、ヨーロッパを一つにすることと、ホロコーストに代表される民族浄化政策だった。この考えはまさにハザールマフィアの悪魔的な思想と一致するものだ。ハザールマフィアの思想とは「人類の9割を抹殺し、残りの人間を自分たちの奴隷にして支配する」というものだからである。第2次世界大戦時、ヒトラーはソ連に侵攻する際、それまで征圧してきた地域から反ソ連の人々を雇い、組織化していった。

それがウクライナのネオナチの源流であるともいわれている。

アメリカ大統領を2人も輩出したブッシュ一族の祖ともいえるプレスコット・ブッシュも、第2次世界大戦前からヒトラーの信奉者となり、ナチスドイツに食い込むことで財産を築き、戦後はその経済力を背景に政界入りした。さらに息子のジョージ・H・W・ブッシュは第41代アメリカ大統領へと上り詰め、ブッシュ一族はハザールマフィアの中心的存在にまでなった。それゆえにブッシュ一族のことを私は「ナチス派ハザールマフィア」と呼んでいる。

ナチスを信奉するネオナチは、当然ながらハザールマフィアの悪魔的な思想を色濃く継承している。

実際にロシアがウクライナに侵攻してみると、前線で戦ったのはウクライナの正規軍ではなく、ネオナチ部隊とその思想に共感する外国人傭兵《ようへい》だとして、ロシア側は激しく非難した。特に「アゾフ大隊」と呼ばれているウクライナ側の戦闘部隊は、もともと極右グループを中心に結成されたこともあり、ロシア側からネオナチ部隊として名指しされた。ウクライナ軍が撤退した陣地には悪魔崇拝の儀式の痕跡が多数、見つかっており、インターネット上にその証拠の写真も多く載せられている。ロシアが指摘するようにウクライナ軍と称するナチス部隊は、ハザールマフィアに通じる悪魔崇拝者だと糾弾されても反論はできない。

ウクライナ侵攻後の9月30日、プーチンはウクライナ領の四つの州をロシアに編入したことを宣言した式典の中で、アメリカが主導する西側のエリート層が「純然たる悪魔崇拝」を推進していると厳しく主張した。これもハザールマフィアを念頭に置いたものである。プーチンは、西側諸国は悪魔崇拝のハザールマフィアに乗っ取られており、これに対抗できるキリスト教の最後の砦はロシア正教以外にはないと暗にほのめかしたのだ。当然のようにロシア正教はプーチンによるウクライナ侵攻を支持している。

しかもプーチンは早い段階から、ウクライナに巣くっているネオナチをハザールマフィアと見立てていたとも思われる。その証拠の一つに、2020年12月16日に国会総会においてロシアが提出した「ナチズムや人種差別を非難する決議案」がある。

通常の感覚なら、この決議案に対して異議を唱えることはないだろう。第2次世界大戦時にナチズムを掲げてヒトラーが行ったことは断じて許されない。それが世界の常識だからだ。ところが、この決議案に対して、全世界の中で二つの国だけが反対票を投じた。アメリカとウクライナである。なぜ、アメリカとウクライナは「ナチズムや人種差別を非難する決議案」に賛成できないのか。それはアメリカとウクライナの国内に、ナチズムや人種差別を信奉する勢力がはびこっているからに他ならない。まさにハザールマフィアがこの二つの国の背後に潜んでいる証拠でもある。

プーチンはこの事実を世界に知らしめるために、「ナチズムや人種差別を非難する決議案」

を国連に提出した。そして、その思惑どおりにアメリカとウクライナが反対票を投じたことで、この二つの国の背後にいる危険な勢力の存在を全世界にあぶり出してみせたのだ。

ゼレンスキー大統領の隠された正体

建て前としてウクライナは、1991年12月のソ連崩壊とともに独立したことになっている。その後、ウクライナ国内では親欧米派と親ロシア派の対立が続く中、現在のウクライナ危機に通じる決定的な政変が起きた。2014年のウクライナ騒乱である。当時のヴィクトル・ヤヌコーヴィッチ大統領は親ロシア派だったが、それに反対するデモ参加者との間で大規模な衝突が起き、結果的にヤヌコーヴィッチがロシアに亡命する事態にまで発展する。

実はこの騒乱では、先に述べたナチス派ハザールマフィアが、CIA（アメリカ中央情報局）などの工作員を使って民衆を煽動《せんどう》していたことが分かっている。そして、この騒乱の後に新しく大統領に就任したペトロ・ポロシェンコは、言うまでもなくハザールマフィアの息のかかった親欧米派の人物に他ならない。

ウクライナ国内に入り込んだナチス派ハザールマフィアの謀略は、これだけではない。2014年7月17日に起きたマレーシア航空17便の撃墜事件にも関与しているとされる。

オランダのスキポール空港からマレーシアのクアラルンプール空港に向かって飛び立ったマレーシア航空17便が、親ロシア派分離勢力が支配するウクライナ東部の上空で何者かが発射した地対空ミサイルよって撃墜された。これをロシアが企てたことにして、クリミア半島を編入したばかりのロシアに国際的な批判を集める狙いがあったとされる。この事件についてウクライナは、FSB（ロシア連邦保安庁）元将校のイーゴリ・ギルキンを事件の首謀者として、2022年10月16日に彼の逮捕に10万ドルの懸賞金を出すと発表した。しかし、それはあくまでもハザールマフィアの思惑を受けたウクライナ側の発表にすぎない。

さらにナチス派ハザールマフィアは、自らが深く関わる麻薬密輸においても、その拠点をウクライナ国内に持ち込んだともいわれている。

これらの謀略に対してロシアは、2019年に行われたウクライナ大統領選挙で、ポロシェンコ大統領の再選を阻止すべく動いた。彼にハザールマフィアであるロスチャイルド系の銀行から資金提供があった事実を公表するなどして、対抗馬だったウォロディミル・ゼレンスキーを後押ししたのだ。その結果、ポロシェンコは落選し、元々はコメディアンで政治経験のまったくないゼレンスキーが大統領に当選した。新大統領が誕生した当時は、それまで対立していたロシアとウクライナの関係も徐々に良くなっていくだろうと予測されていた。

ところが、ゼレンスキーがEU（欧州連合）やNATOに加盟するような動きを見せ始めたことで、ロシアは警戒を強めていく。ウクライナがNATOの一員になれば、NATO軍と国境を挟んで直接対決することになり、ロシアとしてはそのような事態は絶対に避けたい。

しかもゼレンスキーが大統領になってからも、ウクライナ国内におけるハザールマフィアの暗躍はいっこうに途絶える気配がなかった。それどころかウクライナは、麻薬だけでなく、仮想通貨（暗号資産）やネット詐欺、人身売買など、あらゆる闇取引が行われて、ハザールマフィアにとってのマネーロンダリングの拠点として強化されていった。

ゼレンスキーは大統領に当選する前、『国民の僕』というテレビドラマで自身がウクライナ大統領を演じたことで国民の人気を得たのだが、実はそのテレビドラマのスポンサーはハザールマフィアのロスチャイルド系の企業だった。つまり、ゼレンスキーもハザールマフィア側の人間だったのだ。

ウクライナはマネーロンダリングの拠点

ウクライナがハザールマフィアのマネーロンダリングの拠点となっていたことは、ロシアがウクライナに侵攻し、その拠点を征圧したことで明るみに出ている。

例えば、ロシアがウクライナに侵攻し、仮想通貨のコンピュータ基地を征圧したとたん、世界中の仮想通貨が平均して約4割も下落した。これはウクライナが地下経済で流通する仮想通貨の拠点になっていた証拠である。

さらには、ロシアが征圧したウクライナの生物兵器工場で、疫病を世界中にばらまくために使用される大量の「渡り鳥」が発見された。

その渡り鳥は番号で管理されて、衛星監視システム用の半導体とウイルス（疫病）をばらまくための機器が体に装着されていたという。これは渡り鳥がアジアやアフリカ、南米などへ向かうときに、遠隔操作によって効率的にウイルスをばらまく計画だったことが容易に推測できる。

これもウクライナが生物兵器を製造する拠点となっている証拠であり、ロシアはこれらの資料を2022年3月11日に開催された国連安保理の緊急会合で公表し、「アメリカはウクライナで生物兵器を開発している」と世界に訴えた。

2020年のアメリカ大統領選挙のときに大騒ぎとなった「ウクライナ疑惑」を覚えている人も多いだろう。これはジョー・バイデン大統領がバラク・オバマ大統領の副大統領だった当時、ウクライナのエネルギー企業の役員を務めていたバイデンの息子が、父親の地位を利用して不正なビジネスを働いていたという疑惑である。これもいかにハザールマフィアがウクライナ国内の企業にまで入り込み、お金を巻き上げていたかが分かる一つの例だ。

プーチン率いるロシアはウクライナに巣くうハザールマフィアと戦っている

プーチン率いるロシアはウクライナに侵攻し、現地に巣くうハザールマフィアを攻撃している。仮想通貨や生物兵器といった犯罪取引の拠点が制圧されたことで、その闇が世界に暴かれつつある。ウクライナ侵攻にあるのは、ハザールマフィアがバックにつくゼレンスキーとネオナチ部隊がロシアに交戦しているという構図なのだ。

このようにロシアが侵攻する前のウクライナは、アメリカをバックに持つハザールマフィアによるマネーロンダリングの拠点となっていたのだ。

しかもハザールマフィアは、2014年のロシアによるクリミア併合以降、ことさらにウクライナ危機をあおることでロシアを牽制し、自分たちの権益を守ろうとした。危機をあおって世界やウクライナ国内が混乱することで、逆に自分たちの利益が確保できるからである。

ところが、ロシア側からすればすでに我慢の限界に達していた。ウクライナをこのまま放置しておけば、麻薬や生物兵器、人身売買などを通じた資金がハザールマフィア側に流れ続け、すでに破綻しているアメリカの延命を助けることになる。

さらにハザールマフィアは、ロシア隣国のカザフスタンに2万人もの傭兵を送り込み、現政権を倒すための工作を開始していた。先に述べた2014年のウクライナ騒乱と同じ工作をカザフスタンで行おうとしたのだ。カザフスタンはウクライナと同様、ハザール王国のかつての領地でもある。ロシアのプーチン大統領はこの事態を受けて、アルメニアやベラルーシ、キルギス、タジキスタン、そしてカザフスタンの6カ国で構成されるCSTO（集団安全保障条約機構）のもと、カザフスタンに「平和維持部隊」を派遣したが、さらにもう一歩踏みこむことを決断した。

それが2022年2月24日に始まったロシア軍によるウクライナ侵攻だったのだ。

世界中の国がロシア制裁に不参加

ロシアのウクライナ侵攻に対して、アメリカは当初の段階からロシアと戦うつもりがないという情報がCIA筋などから寄せられていた。それどころかアメリカ軍は、「ウクライナをロシアに併合する」という密約をすでに結んでいるという情報さえあった。

第5章で詳しく説明するが、アメリカは自国の分断と内戦の危機を目前にしており、アメリカ軍をウクライナに派遣する余裕はない。しかも、アメリカは多くの産油国から石油取引をボイコットされているために軍を動かすだけの燃料がない。そのために、アメリカ軍がウクライナに出て行ってもロシアを止められる状態ではなく、そのことを自覚しているアメリカ軍は、たとえバイデンが命令を下しても従わないだろうといわれている。

実際にアメリカのバイデン政権は、ロシアがウクライナに軍事侵攻をしても武器を送るだけで、アメリカ軍自体を派遣するようなことはしていない。ウクライナのゼレンスキー大統領にすれば完全な肩透かしだったろう。

しかも、ロシアのウクライナ侵攻を受けて、日本を含めた西側諸国の大手マスコミはすぐにでもロシアは世界から追い詰められるだろうという報道を流したが、これも真実ではなかった。確かにアメリカを筆頭とする西側諸国はロシアに抗議の声を上げたが、中国は早い段階からロシアの動きを支持していたし、2022年3月2日に行われた国連総会において、インドは中国とともにロシアのウクライナ侵攻を非難する決議を棄権している。

特にインドは、ロシアと歴史的に長年にわたって友好関係を築いてきたこともあり、ウクライナの一件だけですぐに反ロシアにはならないとインド政府の関係者も断言している。アメリカのバイデン政権はなんとかインドを「対ロシア包囲網」への誘い込もうとしているが、インドは中立という立場でそれを拒んでいる状態だ。

ロシアを非難する国連決議では193カ国中141カ国が賛成したが、これもハザールマフィア側からの脅しによるものだ。実際にロシアへの制裁に参加したのは、アメリカを筆頭にEU諸国、イギリス、カナダ、オーストラリア、ニュージーランド、韓国、そして日本だけで、これらの国の人口は合わせて約10億6500万人にすぎない。

これに対して制裁に参加していない国は中国やインド、パキスタンなどがあり、この3カ国だけでも人口の合計は約30億8000万人を超えている。さらにロシアの近隣諸国、南米や中近東、アフリカなどの国々も実質的に対ロシア制裁に参加していない。これらの国の人口を合わせると、なんと70億人にもなる。世界の人口は約80億人なので、70億人対10億人ということになり、圧倒的な大差で世界の人々はロシア制裁に加わっていないことになる。

マスコミの報じる「孤立するロシア」は嘘

ロシアへの制裁の一環として、国際決済ネットワーク「SWIFT（スイフト）」からロシアを締め出すという措置がとられた。

SWIFTとは、ベルギーに本部を置く非営利組織で、国際金融の送金を手がける世界的な決済ネットワークだ。SWIFTから締め出されるということは、その国の企業は貿易の決済が困難になるため、最も厳しい経済制裁とされていた。西側諸国の大手マスコミは、「SWIFTから締め出せば、ロシアに経済的に大打撃を与えられる」と大々的に報じた。

しかし、実際に打撃を受けたのは、ロシアと取引をしているNATO諸国だったという皮肉なことも起きている。ロシア当局の情報筋によると、SWIFTとは主にNATO諸国がマネーロンダリングの道具として使っているだけのもので、SWIFT自体がかなり時代遅れのシステムだという。つまり、SWIFTを主に利用していたのはハザールマフィア勢力であり、ロシアとの取引ができなくなったことで、かえって損を被っているというのだ。

そもそもロシアや中国などは、インドやブラジル、南アフリカなどとともに「BRICS（ブリックス）」と称される経済圏を構築しており、西側諸国のツールであるSWIFTから排除されても痛くもかゆくもないといっていい。現実にSWIFTからロシアが締め出されても、現在のところ、ロシアが大打撃を被っているという事実は確認されていない。

このように、西側諸国の大手マスコミが繰り返す「ウクライナに対する軍事侵攻によりロシアが孤立を深めている」という報道がまったくのでたらめなことが分かるだろう。

ロシア制裁に不参加の国の人口を合わせると70億人だと先に述べたが、それは世界の全人口の約88％ということになる。逆にいえば、ロシア制裁に加わっている国の人口は世界の約12％にすぎないということだ。実際の経済活動の大きさで見てみても、生活実感に近い購買力平価（ＰＰＰ）を基準に算定すると、ロシア制裁を課している西側諸国が世界全体のＧＤＰに占める割合は、たったの約31％となる。

これらの数字を見ても、ロシアを制裁しようと思っても効力がそれほど高くないことが分かる。日本を含む西側諸国の大手マスコミが「ロシアは西側諸国の制裁を受けて大変な状態に追い込まれている」といくら喧伝しても、それは真実ではないということだ。

『スター・ウォーズ』を盗用したニュース映像

ハザールマフィアが極めて巧妙なのは、西側諸国の大手マスコミを押さえている点だ。

例えば1990年代以降、アメリカの大手マスコミでは大型合併が続いたが、これはロックフェラー一族などのハザールマフィアが莫大な資金を使って買収を繰り返した結果である。現在ではアメリカの大手マスコミは実質的に彼らの支配下にある。彼らは支配した大手マスコミなどを使って情報を統制し、大衆を洗脳するとともに、自分たちの都合の悪い情報はすべて隠蔽してきたのだ。

それは今回のロシアのウクライナ侵攻の報道においても同様である。「ロシアは今回の軍事侵攻によって、世界から追い詰められて孤立を深めている」という報道が西側諸国の大手マスコミから流されたが、それが嘘だったということも先に述べたとおりだ。

その他にも、西側諸国で報じられるウクライナ関連のニュースが嘘八百である証拠が山ほど出てきている。インターネット上では、ゼレンスキー大統領の演説といったウクライナ関連の多くの映像が「グリーンバックの合成である」との検証が盛んに行われている。

軍事侵攻当初の映像で、狙撃されたロシアの飛行物体というものがテレビのニュース番組で流されていたが、注意してよく見ると、ロシアのものだという飛行物体の中に映画『スター・ウォーズ』に登場する白い甲冑《かっちゅう》を身につけた兵士の姿が映り込んでいたのだ。何のことはない。ロシアの飛行物体とされたものは、『スター・ウォーズ』から盗用された映像をそのまま使っていたのだ。

そればかりではない。ウクライナの首都キーウから逃げ惑う人たちの写真がニュースで流されたが、これも映画『ディープ・インパクト』の映像から盗用したものだった。

２０２２年９月21日にプーチンが発令した動員令にしても、日本の報道だけを見ていると、誤った認識を持ってしまう。この動員令はウクライナ侵攻で劣勢に立たされたロシアが部隊を補強するために約30万人の軍隊経験者や予備役を招集するものだとして、動員令を受けたロシア人の大多数が兵役に就くことを拒否しているというニュースが日本で報道された。しかし、ロシアの国営通信社であるタス通信の報道を見るかぎりでは、大多数のロシア人は自分の国を守るために立ち上がっていると報道されている。日本の報道とは真逆なのだ。

もちろん、ロシアの国営通信社の報道であるので、ロシア側に有利になる報道しかしないといわれればそれまでだが、どれが真実でどれが嘘かということを私たちはもっと冷静に見つめる必要がある。ロシア側の報道は嘘で、西側諸国の報道が真実だと一概にはいえないのは、西側諸国のマスコミが流した映画のワンシーンを盗用して真実のように見せかけたフェイクニュースからも分かるだろう。要はロシアにしろ、西側諸国にしろ、それぞれが流すニュースは、自分たちの立場を有利するためのプロパガンダでしかないのだ。

このような情報操作は現在でも確実に行われている。そえゆえに大手マスコミが流す情報は、プロパガンダにすぎないことを知っておかねばならない。

特に西側諸国の大手マスコミはハザールマフィアに支配されているので、彼らに有利になるような報道を垂れ流している。ＣＩＡやＭＩ６（イギリス秘密情報部）などの世界各国の諜報《ちょうほう》機関の関係者も「事の真相を知るには、まず大手マスコミが流すプロパガンダを見るのをやめた方がいい」と口をそろえて言っている。プーチンが発令した動員令に対するニュースにしても、西側諸国のマスコミが兵役に反対するロシア人を出演させようとしたが見つからず、ポーランド人のエキストラを使っていたことが分かっている。

私は報道を見るときは、必ず当事国の報道と第三者の立場にいる国の報道を両方見るようにしている。共通している部分は事実であり、矛盾する部分はどちらかが都合のいいように情報を操作していると考える。その方が事実を事実として正しく把握できるからだ。

そういった意味では、テレビや新聞などの大手マスコミの情報だけを鵜呑《うの》みにして、やれロシアが優勢だ、やれウクライナが優勢だと一喜一憂してもあまり意味はない。ロシアが優勢だと報じられた直後にウクライナが反転攻勢していると報じられるなど、あまりにも情報が錯綜《さくそう》しているからだ。

要はロシア側の報道はともかく、ハザールマフィアが支配する西側諸国の大手マスコミがどのような論調でニュースを流しているのか、それを見極めることだ。そこにこそ、ハザールマフィアの思惑が透けて見えるからだ。

ウクライナ侵攻をあおる本当の理由

ハザールマフィアが支配する西側諸国の大手マスコミは、今回のロシアによるウクライナ侵攻をあおる論調をとっている。

こう述べると疑問に思う人もいるだろう。ロシアはウクライナのバックにいるハザールマフィアを攻撃しており、ハザールマフィアからすれば、ウクライナを徹底的に応援する報道を流して、いち早くロシアの攻撃を終わらせたいと思っているはずではないのか、と。

そこがハザールマフィアの巧妙なところなのだ。ハザールマフィアはロシアの侵攻を終わらせるどころか、逆に戦況をあおり、できるだけ侵攻を泥沼化させたいとさえ思っている。

それはなぜかといえば、その方がハザールマフィアの利益になるからである。

このことを説明するためには、まずはハザールマフィアが巣くっているアメリカの倒産問題を知っておく必要がある。今やアメリカ政府の債務残高の総額は200兆ドルを超えており、通常の会社ならとうの昔に倒産している状態である。しかし、アメリカのバックにいるハザールマフィアは、これまであの手この手を使って倒産を免れてきた。第6章でも述べるが、それこそ日本から資金を巻き上げて延命してきたこともある。

それでも2020年1月にはとうとう債権（借金）が焦げ付き、実質的に倒産してしまった。このときは日本や東南アジア、オセアニア地域の実質的な支配権を譲るという密約が中国との間で成立し、8月になって中国が資金を援助したことにより、なんとか国家破産に至らずにすんだ。しかし、債権そのものがなくなったわけではない。このときの密約にしても、ほどなくしてハザールマフィアによって反故にされてしまった。それゆえに毎年1月31日と9月30日の対外支払い期日にあわせて、アメリカ政府はどこからかお金を引っ張ってこなくてはならず、その度ごとに大慌てとなる。

2019年末から2020年初頭にかけて感染が広まった新型コロナウイルスの騒動も、ハザールマフィアが仕掛けたものであり、その騒動を利用してアメリカの倒産をごまかそうとしたのだ。実際に新型コロナウイルスの騒動が世界中に広がったために、世界経済が大混乱を来たし、アメリカの倒産問題がうやむやにされてしまっている。

それどころか、新型コロナウイルス対策と称して給付金などのお金が市民だけでなく政府機関や医療機関にばらまかれたが、そのお金は最終的にはハザールマフィアの利益として吸い上げられていった。

しかし、ここに来て新型コロナウイルス騒動も落ち着きを見せたどころか、ハザールマフィアが自らの利益のために画策した新型コロナウイルスのワクチンキャンペーンに対しても世界中の市民の間から反対運動が起きてしまい、彼らの思惑どおりにはいかなくなってきた。

そんなときに起こったのがロシアのウクライナ侵攻だった。ハザールマフィアは自分たちがロシアから攻撃されているにも関わらず、ロシアのウクライナ侵攻をアメリカの倒産問題から逃れるために利用しようと考えた。案の定というべきか、ロシアのウクライナ侵攻が長引いたせいで、世界経済は危機的な状況にまで陥ってきた。ハザールマフィアからすれば、ウクライナ情勢が緊張し、悪化すればするほど、世界経済が混乱し、そのことによってアメリカの倒産問題をごまかせるというわけである。

武器供与で軍産複合体が金もうけ

ハザールマフィアがロシアのウクライナ侵攻をあおり、緊張状態を悪化させたいもう一つの理由は、彼らの資金源の一つであるアメリカの軍産複合体の存在だ。

アメリカのバイデン大統領はロシアのウクライナ侵攻が開始して以来、アメリカ軍の派遣は見送ったものの、武器の供与を一貫して行ってきた。

これに対してロシアは、2022年4月の段階でアメリカ政府に対して正式な外交文書を送り、このままウクライナへの武器の供与を続ければ、「予測できない結果を招く可能性がある」と警告を発した。しかしアメリカ政府は知らんぷりどころか、2022年7月22日にはウクライナに対して2億7000万ドル相当の武器を追加供与すると発表した。すでにアメリカによるウクライナへの軍事支援の総額は、2022年10月の時点で168億ドルを超えるものになっている。

このようなアメリカの軍事支援は、武器供与を名目にすることで、結局は軍需産業などのアメリカの軍産複合体にお金が流れることになる。武器供与を行えば行うほど、当然ながら武器を製造している軍産複合体がもうかるわけだ。アメリカ国民も、ウクライナ支援ということであれば、自分たちの税金で武器を作ってウクライナに送ることに反対はしない。

さらに、アメリカだけでなく西側諸国もウクライナへの武器供与を行っているが、その武器を製造しているのはハザールマフィア資本の軍産複合体に他ならない。

つまり、ウクライナ情勢が緊張すればするほど、アメリカの軍産複合体がもうかることになり、それがひいてはハザールマフィアの利益になるというわけである。

しかも、西側諸国から供与された武器の中には、実戦にまったく向いていないものが多数含まれているという情報も入っている。

例えば、ロシア軍がウクライナ軍の拠点を征圧したとき、そこで多数の使用されていない武器を発見したという。その武器は充電式であったため、電気がない前線ではまったく使えない代物だったというのだ。

さらに最新式のハイテク武器は、確かに敵側の拠点を遠距離からピンポイントで攻撃できるので活躍が期待されていた。しかし、非常に高価な武器なので数量が少なく、実際には戦況を覆すほどの戦果は上げていない。

アメリカや西側諸国が大量の武器を供与しているといっても、実際に前線で使えて、戦況を有利に運ぶものでなければ意味がない。しかし実際は、まるで在庫セールをするかのように無用の武器までもウクライナに供与し続けているのだ。結局は、軍事支援の名目でハザールマフィア資本の軍産複合体をもうけさせているだけなのである。

最新式の武器がネットで闇取引

このようなアメリカなどの西側諸国によるウクライナへの武器供与には別の側面もある。西側諸国から供与されているはずの武器のほとんどが、実際にはウクライナに届いていないという情報が寄せられているのだ。

私の故郷であるカナダの地方新聞にこんな記事が載っていた。カナダのケベック州に住む凄腕のスナイパーが義勇兵としてウクライナに赴き、ロシア軍の将校たちを狙撃すると名乗り出たという。ところが、いざウクライナに到着すると、狙撃用の銃が手に入らない。ウクライナには西側諸国から最新式の武器が供与されていると聞いていたので、新型の狙撃銃も手に入るだろうと思っていたのに、どこに行っても普通の銃さえ手に入らなかった。そのために、彼は仕方なく何もせずにカナダに帰国したという。

このようなウクライナの実態を大手マスコミは隠しかったのだろう。この記事は全国紙に掲載されることはなかった。

とはいえ、アメリカをはじめとした西側諸国から供与された武器は、どこに行ったのだろうか。実は何者かによって他の国に売り飛ばされていたのだ。

その証拠はインターネットを見れば分かる。西側諸国からウクライナに供与されたはずの最新式の武器が、ウェブサイト上で多数販売されているのだ。例えば、製造コストが60万ドルもかかるジャベリンというアメリカ製の対戦車用ミサイルが、中近東の闇市場にて2万ドルで販売されていたという情報もある。

このような現実こそ、ウクライナにおける闇取引の実態である。ウクライナは麻薬や仮想通貨、ネット詐欺、人身売買など、あらゆる闇取引の拠点となっていると先に述べたが、西側諸国から供与された武器までも、その一部を闇市場で売り飛ばして現金に換えられていたのだ。そして、このような闇取引を支援し、最終的にお金を巻き上げるのはウクライナに巣くっているハザールマフィアである。ハザールマフィアはあらゆる闇取引に関与しながら資金を洗浄し、表のお金に換えていく。このように、マネーロンダリングの拠点としてウクライナを利用しているのだ。

ウクライナの破綻と決裂した和平交渉

ウクライナ情勢の緊張が長引けば長引くほど、ハザールマフィアの利益につながることを述べてきたが、かといっていつまでも衝突を続けていくわけにもいかないだろう。このままの情勢が続けば、ハザールマフィアの悪事が世界に暴露されるだけであり、そもそもロシアによるハザールマフィアへの攻撃が続くだけである。

何よりもウクライナの経済そのものが、今回のロシアの侵攻によって破綻寸前にまで追い込まれている。西側諸国からの金融支援は続けられているが、2022年4月から6月のGDPは、前年比で約37％も減少している。10月4日にはウクライナ中央銀行のキリル・シェフチェンコ総裁が突然、辞表を提出した。辞職の理由は健康上の問題とされているが、ウクライナの財政がどうにもならなくなっていることの一つの表れだろう。西側諸国から供与された武器を横流ししていることも、そうしたやりくりをせねばならないほどに、ウクライナの経済は追い込まれているからだ。ハザールマフィアからすれば、ウクライナの経済が破綻してしまっては元も子もない。

それだけにハザールマフィアは、ロシアにウクライナ侵攻をやめさせるための落としどころを見つける必要がある。

実はハザールマフィアの側からロシアに停戦を持ちかけようとする動きも、あるにはあった。窮地に陥った西側諸国が水面下でロシアとの和平交渉を模索しているという情報が、2022年7月の時点でCIAの関係筋から寄せられていた。

それだけではなく、ハザールマフィア側の一員であるローマ教皇フランシスコがロシアに会談を申し入れ、「ロシア・ウクライナ和平案」を水面下で打診しているという情報も2022年9月に寄せられていた。その和平案の中身は「NATO諸国がウクライナ東部のドネツク州とルガンスク州をロシア領土として認める」というものだったらしいが、ロシアはその提案を突っぱねたという。

ドネツク州とルガンスク州はドンバス地域と呼ばれているが、この和平案を提案されたときにはすでにロシアがこの地域を征圧しつつあったという事情もあった。そしてロシアがこの提案を拒否した主な理由は、「冬をしのぐために石油とガスを手に入れる時間稼ぎの工作にすぎない」と見ていたからだという。

ロシアがヨーロッパ諸国にパイプラインなどを通じて天然ガスの供給しており、もしもガス供給を全面的にストップされたら、ヨーロッパ諸国は大混乱を来すことは分かり切っている。特に冬になれば暖房が必要となるヨーロッパ諸国では、天然ガスなどのエネルギー供給が市民の生活に直結する。それゆえに、ヨーロッパ諸国ではロシアからのガス供給は死活問題となる。ロシアからの天然ガスに依存しているヨーロッパ諸国の事情を、ロシア側は冷静に見ているのだ。

それどころか、ロシアはガス供給を一つの武器として脅しの材料にさえ使っている。ロシアにすれば「いつでもガス供給を止めますよ」ということである。

このようなヨーロッパへのガス供給停止というカードがあるかぎり、ロシアはそう簡単にはハザールマフィア側の和平案に乗るとは思えない。

ゴルバチョフがソ連を解体した真相

それでは、ロシア側の最終的な落としどころはどこにあるのだろうか。

２０２２年8月30日、旧ソ連の最後の最高指導者だったミハイル・ゴルバチョフ元大統領が91歳で他界したと報道された。

ロシアの諜報機関FSBの情報筋によると、ゴルバチョフはロシアをEUと合体するというアメリカや西側諸国から吹き込まれたでたらめな話を信じて、ソ連の解体に同意してしまったのだという。そのためにロシアは、そのときに失ったものを取り戻すために、「ソ連の復活」と「EUとロシアの合体」に向けて動き出しているとされる。ロシアのウクライナ侵攻も、そのための方策であるといっていい。

ロシアのセルゲイ・ラブロフ外相が、2022年6月24日の記者会見で「EUは、EUとロシアの共通する空間を作るという目標に向けた課題を果たそうとしていない。この約束はすべて過去のものになった」と発言したが、まさにこれはゴルバチョフがEUにだまされたことを訴えているのだ。

その上でロシアは、今後、EUと協力するつもりはないと宣言している。ラブロフ外相は2022年6月16日の記者会見でも、「現在、ヨーロッパとの接触はロシアの優先事項から消えている」と述べている。

さらにロシアはヨーロッパだけでなく、アフリカや中近東、アジアなどの世界各地でハザールマフィアを攻撃しようとしている。2022年6月14日に中南米ニカラグアの国会において、「ロシア軍の駐留を認める大統領令」が賛成多数で可決されたが、これもその一環だといえよう。

どうやら現在の状況を見ていくと、ロシア側からの降伏はないように思える。それどころかロシアは、ハザールマフィアの動きをいっそう警戒しているようだ。FSBの情報筋によると、ハザールマフィアは現在でもアルメニアやカザフタン、アゼルバイジャンなどの国々おいて、自分たちの有利な政権を樹立しようとして、工作資金をばらまいているという。

このようなハザールマフィアのさらなる動きに対して、ロシアを筆頭とする反ハザールマフィアの国々は、上海協力機構といった地域組織を結成し、ハザールマフィアが支配する西側諸国に対抗しようとしている。

2022年9月15日と16日に、ウズベキスタンで開催された上海協力機構の首脳会議では、ロシアのプーチン大統領や中国の習近平国家主席、インドのナレンドラ・モディ首相など、ユーラシア地域を中心に計14カ国の首脳が集結し、閉幕時には「多極的世界秩序」の文言が共同宣言に盛り込まれた。これは明らかにアメリカを筆頭とする欧米主導の世界秩序に対抗するものであり、ハザールマフィアとの対決姿勢の表れでもある。

15日に行われた中露首脳会談でもプーチンが以下のとおり発言している。

「一極世界を作ろうとする試みは、最近まったく醜い形をとっており、地球上の圧倒的多数の国がそれを完全に拒否している。」

それを受けて、習近平も「激変する世界で、中国はロシアとともに大国の模範を示し、主導的役割を果たす用意ができている」と応じている。

ロシアの勝利はすでに確定している

このように世界は、すでにハザールマフィアが構築した既存の国際的な枠組みを見直し、再編する動きを見せ始めている。

こうした世界再編の動きにしても、ロシアの侵攻によってウクライナで生物兵器の生産拠点が見つかるなど、ハザールマフィアの実態が明らかになったことが大きい。ウクライナ侵攻を受けて、ロシアへの制裁に参加したのは、全人口のうちの約12％の人たちにすぎず、その経済活動の大きさも全世界のGDPのうちのたった約31％であることも先に述べたが、世界の国々はハザールマフィアの悪行に気づき、一致団結しようとしているのだ。

だからといって、ハザールマフィアがおとなしくウクライナから退場するとは思えない。

2022年9月23日、ロシアが征圧したウクライナ東部のドネツク州とルガンスク州や、南部のヘルソン州とザポロジエ州の一部地域でロシア編入を問う住民投票が行われ、編入参加が多数を占めたとロシアは公表していた。しかし10月に入ると、これらの地域に対するウクライナによる反転攻勢が開始され、11月になるとロシア軍はヘルソン州から撤退したという。戦況は日々、変化しており、11月25日にはロシア軍によるエネルギーインフラの攻撃によって、ウクライナの大半の地域で停電が続いているという報道もあった。

さらに、ウクライナのゼレンスキー大統領は、戦況が不利になったためにすでに首都のキーウから脱出しており、ニュースなどで流されている映像はグリーンバックなどを使った偽物であるとか、ロシアが本格的な大攻勢をかけるのは雨で地面がぬかるむことが多い秋ではなく、地面が凍結して固くなり戦車の大群を動かすことができる冬になってからだとか、情報も錯綜している。

とはいえ、私の確かな情報筋によると、まだ一部でウクライナ側のテロが行われているものの、すでにロシアの勝利は確定しており、現在の西側諸国のマスコミによる報道はCGと役者を使ったプロパガンダ映像にすぎないという。

どちらにせよ、ロシアがウクライナに軍事侵攻したのはハザールマフィアに攻撃するためだと先に述べたが、ロシアの真の狙いは、ウクライナだけでなく、西ヨーロッパ全体からハザールマフィアを排除しようということにある。

そして、その先にはハザールマフィアを延命させているIMF（国際通貨基金）や世界銀行、BIS（国際決済銀行）などの既存の国際金融システムを崩壊させることにあるとロシアの情報筋は話している。ロシアは西側諸国に対して、「西側欧米勢が本当に和平を望むのであれば、欧米がつくりあげた既存の金融システムを廃止し、すべての国が平等となる多極的な世界秩序の構築に従う必要がある」と主張しているという。

結局、本格的な和平交渉は、冬を過ぎてからになるだろうというのが現在の見通しのようだ。西側諸国が本格的な危機と混乱を経験しないかぎり、自分たちの世界に対する傲慢な態度を改めないだろうとロシアの情報筋は話している。

世界は「第3次世界大戦」に突入した

いずれにしろ、ロシアのウクライナ侵攻について、一つだけ断言できることがある。それは、もしもプーチンが全面核戦争に向けて動くようなことがあれば、即刻、プーチンは権力の座から追われるということだ。

アメリカ軍で良識派と呼ばれる軍幹部を中心にロシアや中国など、世界の土だった軍は、核戦争が起きた場合のシミュレーションを完了しており、「人類の9割が消滅し、北半球に人が住めなくなる」との結論を出している。彼らは人類の破滅を防ぐために、立場や国境を越えて核戦争に反対している。

プーチンがポーズとして核爆弾の使用をほのめかしているぶんにはいいが、本当に核爆弾を使用するような動きをとったときには、世界各国の軍が決して黙っていないだろう。そのことについては各国の良識派に属する軍関係者が一様に口をそろえて断言している。

しかし、ハザールマフィアは核戦争を望んでいるという事実もある。ハザールマフィアの悪魔的な思想は「人類の9割を抹殺し、残りの人間を自分たちの奴隷にして支配する」というものだと先に述べたが、人類の9割を抹殺するためには核戦争も辞さないというのが、ハザールマフィアの思想なのだ。後の章で詳しく説明するが、これまでハザールマフィアは、核戦争を含むような第3次世界大戦を勃発させようと繰り返し策動してきた。

そういった意味でも、一刻も早くハザールマフィアはこの世界から退場してもらいたいと強く願う。アメリカ軍の良識派を中心にして、すでにハザールマフィアを追放した後の世界をどうするかという話し合いが始まっていることも確かだ。しかし、何度も言うようだが、ハザールマフィアはそう簡単に退場することはない。

それどころか、ロシアのウクライナ侵攻によって、ハザールマフィアが支配する西側諸国と、それに対抗する反ハザールマフィアとの対決が鮮明になったせいで、今や世界は第3次世界大戦に突入したという意見もあるほどだ。そのために世界は今、危機的状況に陥っている。そのことについて次章で詳しく解説していく。

第2章

狂乱のエネルギー危機と崩壊する世界経済

資源とカネをめぐる覇権戦争

あらゆる分野で対立する「ハイブリット戦争」

ロシアのウクライナ侵攻によって世界経済は今、危機的な状況にある。日本でもエネルギー価格や輸入小麦などの食料価格の上昇に伴い、電気料金やさまざまな製品が値上げし、家計に大きな打撃を与えている。

これらは、天然ガスや石油などのエネルギー輸出国であるロシアに対する西側諸国の経済制裁によって、世界のエネルギー価格のバランスが崩れたことや、「世界の穀倉地帯」と呼ばれるウクライナからの小麦といった穀物の輸出が滞っていることが主な原因だ。

ロシアの原油生産量は、ウクライナ侵攻前の2020年で世界第3位であり、世界シェアの約12%を占めていた。天然ガスの生産にいたっては世界第2位で、世界シェアの約13%を占めていた。これらのエネルギー輸出がロシアへの経済制裁よって遮断されたら、エネルギー価格が高騰するのは当たり前である。

ウクライナの小麦生産量も世界シェアの約9%を占め、トウモロコシの世界シェアは約14%にも達する。その他、大豆や大麦などの生産量も世界有数を誇る。これらの穀物の輸出がロシアのウクライナ侵攻を契機に滞ったことで、一時は世界的な食料危機が叫ばれた。

また、第1章でも触れたが、欧米などの西側諸国がウクライナ侵攻に対する経済制裁をロシアに課したことで、西側諸国の方がかえって厳しい経済的混乱を招いてしまっている現実もある。日本の物価が急騰したことを見ても、それを実感できるだろう。

さらにロシアや中国が主導する上海協力機構を中心に、アフリカや中近東、中南米、日本と韓国を除くアジアの国々などが西側諸国との対立姿勢を露骨に強めている状況もある。その対立は金融や経済、資源の分野だけでなく、情報や宗教といった分野まで広がっており、まさに「ハイブリット戦争」ともいうべき様相を呈している。

このような状況を見て中国政府は、「ウクライナ問題の本質は、既存の国際システムの崩壊だ」との見解を公言したが、的を射ていると思う。今後このような世界的な対立が続けば、国連やIMF（国際通貨基金）、世界銀行、BIS（国際決済銀行）などの既存の国際機関が機能不全に陥るのも時間の問題だろう。

何よりも国連をはじめとする既存の国際機関は、ハザールマフィアがこれまで支配してきたものである。つまり、これらの国際機関が崩壊するということは、ハザールマフィアの崩壊も意味する。世界は今、歴史的な変革を迎えようとしているといっていい。

ロシアのウクライナ侵攻によって、世界経済がどのような危機を迎えているのか。本章では金融やエネルギー問題を中心に見ていく。

仮想通貨で市民を奴隷化

ロシアがウクライナに軍事侵攻し、仮想通貨のコンピュータ基地を征圧したとたん、世界中の仮想通貨が平均して約4割も下落したと第1章で述べた。この仮想通貨などのデジタル通貨に関するコンピュータ基地をウクライナに設置したのは、ロスチャイルド一族やロックフェラー一族などのハザールマフィアである。

ウクライナ侵攻直前の2022年2月、ウクライナ議会が仮想通貨取引の合法化を決定したが、この動きを後押ししたのは主に「ホワイトロック・マネジメント」というウクライナの企業だった。その上層部の背後を調べてみると、ロスチャイルド一族の存在があった。

ホワイトロック・マネジメントの代表であるセルヒー・トロンは「この決定により、今後は世界の仮想通貨の大部分がウクライナに集まることになる」という発言までしているが、それがあながち嘘ではなかったことは、ロシアが仮想通貨のコンピュータ基地を征圧したとたん、世界中の仮想通貨が下落したことからも分かるだろう。

ハザールマフィアは当初、ウクライナ国内で仮想通貨の取引を合法化することで、今後は仮想通貨を使って武器や麻薬、人身売買などのマネーロンダリングを続けようと目論んでいた。しかし肝心の仮想通貨の基地をロシアに征圧されて、その目論みが崩れてしまった。

そもそも仮想通貨は、電子データのみでやり取りされる貨幣のことである。これまでの通貨はその国の中央銀行が発行し、発行する量もコントロールしていた。仮想通貨には発行量などをコントロールする中央銀行のような機関はなく、あくまでも電子データのやり取りだけで価格が決定される。そのために投機の対象となり、一時は高騰を続けていたこともあった。ビットコインなどはその代表的な仮想通貨である。

しかし、このような仮想通貨が流通しすぎると、国のコントロールがきかなくなる危険性もある。中国では2021年9月に仮想通貨の取引などを全面的に禁止している。

その一方で、仮想通貨を将来の通貨システムと位置づけて、今後は積極的に中央銀行がデジタル通貨として提供していこうという意見も最近、聞かれるようになった。これまで仮想通貨に批判的だったBISのアグスティン・カルステンス総支配人が、その旨のことをIMFの機関誌に発表している。

しかし、これは何を意味するのかというと、電子データに紐付けされている仮想通貨を中央銀行が管理し、これまで以上に人々を管理下に置こうというハザールマフィアの思惑が透けて見えるということである。ハザールマフィアの最終目的は世界の人々を家畜化し、奴隷のような状態にして自分たちの思いのままに操ることにある。その目的のために管理ツールとして仮想通貨を利用し、その価値を自分たちで自由に操作するとともに、人々を仮想通貨に依存させて奴隷化しようということなのだ。

アメリカのスーパーマーケットチェーン・ウォルマートが、ビットコインを購入できるATMを店舗に設置したことが話題になった。このATMはビットコインを現金で購入できても、ビットコインを現金化することはできない。市民から現金を巻き上げ、電子データで管理できる仮想通貨で縛り付けようとするハザールマフィアの思惑の一端だろう。

とはいえ、今回のロシアによるウクライナ侵攻によって仮想通貨の基地が征圧されたことで、今後のハザールマフィアによる仮想通貨の展開は足踏み状態を強いられている。現実に仮想通貨の価値は、ウクライナ侵攻によって下落し、ピーク時の3分の1ほどになった。これは約2兆ドルが仮想通貨市場から消えた計算となり、仮想通貨を購入していた投資家たちは大幅な損失を被った。

ただし、ハザールマフィアはただでは転ばない。イスラエルの諜報機関モサドの情報筋によると、「仮想通貨のシステムには最初からバックドアが仕掛けられていた」という。「バックドア」とはコンピュータに不正に侵入する「裏口」を意味しているが、このバックドアを仕掛けたのはハザールマフィアに属する欧米エリートたちであり、彼らは最初から自分たちが損をしないような仕掛けを仮想通貨のシステムに施していた。

ウクライナは仮想通貨による
マネーロンダリングの重要拠点

ウクライナにある仮想通貨の基地。マイニング（通貨の承認作業）に使用するコンピュータ機材がずらりと並ぶ。ハザールマフィアは仮想通貨を使って巨額のマネーロンダリングを行っており、ウクライナはその重要拠点となっていた。ロシアによって仮想通貨の基地が次々と制圧された結果、世界中で仮想通貨の価格が下落した。

そして、彼らは現在、この仕掛けを使って仮想通貨市場のお金を根こそぎ盗み取り、自分たちの懐に入れているのだという。

そもそも彼らは、株における仕手戦のように、一般投資家をあおるだけあおって仮想通貨に投資させ、一定の金額になったときに自分たちの資産を引き上げて売り逃げするような連中である。つまり、仮想通貨の価値が暴落したのはロシアのウクライナ侵攻が直接の要因ではあるが、その暴落を助長させた別の要因として欧米エリートたちの存在があったのだ。ハザールマフィアの巧妙さは並大抵ではない。

上昇していた株価が一気に下落

ロシアのウクライナ侵攻を契機として株価も下落した。アメリカの株価指数であるニューヨークダウ平均で見ても、ウクライナ侵攻前の2022年1月3日に終値で3万6585ドルという史上最高値を更新していたが、ウクライナ侵攻後は急落し、9月30日には一時2万9000ドルを割り込み、2022年12月現在でも3万ドル前後に低迷している。

しかも、株価というのは値が下がると買いが入り、その翌日や翌週には株価がある程度上がるのが普通だが、2022年5月20日には、週ベースのダウ平均株価が8週連続で下落しただけでなく、過去12週のうち11週で下落するという前代未聞の出来事も起こっている。これは大恐慌が始まった1929年以来90年ぶりのことである。市場関係者だけでなく、一般投資家までが株式市場から逃げ出した証拠だろう。

そもそも、ロシアのウクライナ侵攻前にアメリカの株価が高値をつけていたのは、ハザールマフィアが自分たちの支配する企業の価値を上げるために、アメリカの中央銀行であるFRB（アメリカ連邦準備理事会）の資金を使って株価のかさ上げをしていたからだ。ハザールマフィアは支配下にある西側諸国に対して、新型コロナウイルス騒動で低迷した経済を立て直すという名目で、コロナ給付金などの大胆な積極財政を行うように舵を切らせた。

さらに各国の中央銀行に対しても金融緩和政策を取らせたことで、大量のお金が市中にあふれることになった。その結果、株式などへの投機が加熱し、アメリカのニューヨーク株式市場では史上最高値を更新し、日本でも日経平均株価が大台の3万円を超え、2021年9月14日には1990年8月以来、31年ぶりの高値を更新したのだ。

ところが、今回のウクライナ侵攻によって、上昇傾向にあった株価が一気に下落傾向へと急展開してしまった。これはハザールマフィアがコントロールしていた西側諸国の金融システムが、これまでにないほどに揺らいでいるということである。別の言い方をするなら、ハザールマフィアによる金融システムに対するコントロール機能が失われつつあるのだ。このままの状態が続けば、株だけでなく債権や仮想通貨などの金融商品の価格もさらに下落していくだろう。市場関係者もそろって「今後も下落傾向が続くだろう」と悲観的な見方をしており、現在より9割ほど下落する可能性が高いという意見もある。

案の上というべきか、2022年11月11日、仮想通貨の交換業大手である「FTXトレーディング」が経営破綻したことが発表された。MI6（イギリス秘密情報部）の情報によると、この経営破綻の背景には、ウクライナ政府がウクライナ中央銀行を経由して、アメリカや西側諸国から提供された1000億ドルの支援金をFTXに流してマネーロンダリングしていた事実があるという。そして、マネーロンダリングされたそのお金は、アメリカ中間選挙で行う選挙泥棒の資金としてアメリカの民主党に渡されたのだという。

ヨーロッパを襲う「エネルギー危機」

今後の金融市場をさらに混乱させる一因となるのがエネルギー危機だ。

特にヨーロッパ諸国はロシアからのエネルギー供給が止まれば、一気に危機的な状況に陥ることになる。というのもヨーロッパ諸国はこれまで、天然ガスや石油などのエネルギー資源をロシアに依存してきたからだ。国によって事情は異なるとはいえ、ロシアのウクライナ侵攻前までＥＵ（欧州連合）全体で見ると、天然ガスの約45％ 石炭の約40％、石油の約25％がロシアからの輸入だった。特にドイツでは天然ガスの約55％、石油の約30％ほどがロシアからの輸入で占められており、その依存度の高さが分かるだろう。

それゆえにウクライナ侵攻が始まると、ロシアからのエネルギー資源の輸入が停滞するのではないかという危機感が高まり、ヨーロッパを中心とした西側諸国で燃料費の高騰が始まった。例えば、ドイツでは２０２２年３月に入ると、ガソリンとディーゼル燃料の価格が1年前と比べて2倍近くにまで跳ね上がり、それに伴う物流コストの上昇によって食料品などが値上がりし、日常生活に大きく影響を与えることになった。他のヨーロッパ諸国も同様の事態が起き、２０２２年2月の消費者物価指数は前年同月比で５・８％も上昇し、１９９７年以降で最大を更新した。この物価高は現在も更新し続けている。

このような事態を重く見たＥＵは２０２２年5月、エネルギー資源のロシア依存から脱却するために、２０２７年までにロシアからのエネルギー資源の輸入を全面的に停止する方針を打ち出し、太陽光などの再生可能エネルギーの普及を加速させることなどを盛り込んだ提案を発表した。しかし、あくまでも将来の目標値を設定しただけであり、現実問題として今すぐにロシア依存から脱却できる方策を提示したわけではない。ヨーロッパ諸国は、ロシアからのエネルギー輸入を減らせばさらなる物価上昇につながるため、アメリカが主導する経済制裁に当初は二の足を踏んでさえいたほどだ。

とはいえウクライナ侵攻が激化し、アメリカからの圧力もあって、ようやくロシアに対する経済制裁の一環として2022年8月までにロシアからの石炭輸入を停止することで合意した。

しかし、石油や天然ガスついては、各国の事情があり、全面的に輸入を禁止するまでの合意には至っていない。ロシアからの石油依存度が高いハンガリーなどは、ロシアからの石油輸入が禁止されれば経済の崩壊につながるとさえ主張して強く反対した。

天然ガスの輸入禁止にしても、液化天然ガス（LNG）をアメリカや中東から輸入して補うことも検討され、現実にその方向に進んではいる。しかし、液化した天然ガスを使用するには、気化させるための施設を国内に設けなければならない。しかも、施設を建設して実際に稼働させるには数年を有するために、すぐにロシアからの天然ガスを液化天然ガスで代用することは現実的に難しい。しかも液化天然ガスを輸入するためには、専用のタンカーで運ばなくてはならず、そのコストもかかってしまう。コストの面だけを考えたら、ロシアからパイプラインを経由して気体のまま陸上輸送している現在の方法の方が断然安いのだ。

そんなヨーロッパ諸国の足元を見透かすように、ロシアはウクライナ侵攻後、ヨーロッパ諸国向けのガス供給を徐々に削減していき、2022年6月中旬には2021年に比べて約

20～30％程度までも減少させた。

しかも、2022年6月8日には不可解な火災が起きている。液化天然ガスを生産・輸出するアメリカ最大級のプラント「フリーポートLNG」のテキサス工場で火災が発生し、その被害により同社は「全面的な再稼働は2022年末まで不可能」と発表した。同社はアメリカの液化天然ガス輸出の約20％を占めており、過去数カ月の輸出情報を見ると、その約70％がヨーロッパ諸国向けだった。それが全面的に輸出不能となるのだから、ロシアからのガス依存を減らしたいヨーロッパ諸国にとっては大打撃となった。テキサス工場の火災がロシアの仕業だという証拠や情報は入ってきてはいないが、勘ぐりたくなる事案である。

ヨーロッパ市民が直面する「凍死の恐怖」

ロシアからのガス供給が減少すれば、それだけロシアの利益も減少するのではないかという考えもあるだろう。売る量が減るのだから、売上もそれにあわせて減っていくのが普通だからだ。そのことによって困るのはロシアであるというわけだ。

しかし、現実的にはガス供給が大幅に減っても、ガス価格が上昇したことで、ヨーロッパ諸国からのロシアのガス収入は以前とほぼ同じままだった。しかも、ロシアは基本的にヨーロッパ諸国とガス供給に関する取引を長期契約で結んでおり、短期の相場の変動には左右されないのだ。

つまり、ロシアからのガス供給が減って困ったのは、ヨーロッパ諸国だけだったのだ。ドイツのロベルト・ハーベック経済・気候保護大臣は、「このままの状態が続けば、ドイツを含むヨーロッパの産業の大部分が閉鎖を余儀なくされる」とまで述べ、市場全体が崩壊の危機にあると訴えた。

ロシアも強気の姿勢を崩さなかった。ロシアの元陸軍司令官で、国会議員でもあるアンドレイ・グルリョフ中将は、国営テレビでＮＡＴＯ（北大西洋条約機構）との全面戦争を呼びかけると、「西ヨーロッパのすべてのエネルギー供給と発電を止めて、身動きができないようにすべき」と口にした。それはまるで、「既存の体制を崩壊させて、ヨーロッパを制覇する」というロシアの思惑のように見えた。

実際にヨーロッパ諸国では、ロシアからのエネルギー資源の輸入が削減されたために、燃料不足の影響で輸送機やトラックによる物資の輸送が滞ったり、停電などの不具合が発生したりした。ドイツではガス料金や電気料金が10倍ほども値上がりし、一般家庭だけでなく産業界も苦しい状況に追い込まれた。ドイツ政府も９５０億ユーロの支援策を実行したが、物価高はいっこうに収まらず、ドイツのガス会社の幹部の一人は「このままでは政府が対応できないほどの社会混乱が起きるだろう」と警鐘を鳴らしたほどだった。

EUを離脱したイギリスでも状況は同じだった。イギリスの商業団体「Make UK」の報告書によると、イギリス国内の製造業者の約半数が2022年の過去1年間に100％以上の電気料金の値上がりを経験し、このエネルギー価格の高騰により、すでにイギリスの製造業者の約60％、飲食業者の約80％が廃業の危機に瀕《ひん》しているという。

もはやヨーロッパ諸国は、いつ革命が起きてもおかしくないほどの危機にあるのだ。

2022年12月現在、冬を無事に乗り越えられるかどうかが深刻な問題となっている。冬の寒さが厳しいヨーロッパ諸国の地域で暮らす人々にとって、燃料不足はまさに死活問題となる。暖房器具が使えなければ凍死してしまうからだ。

この問題に対して、ドイツでは例年、冬場をしのぐために必要な天然ガスを夏までに約85％は蓄えているのだが、2022年8月末日時点で約20％ほどしか確保できなかった。そのためにドイツ政府は、閉鎖された石炭火力発電所を再開し、薪ストーブの薪を必死に集めるなど、対応に追われる状況に陥った。さらに、2022年末までに原発を全廃すると国民に約束していたが、冬場の電力を確保するために、国内にある原発3基を2023年4月まで稼働できるように法整備を行うことを発表している。まさにドイツは追い込まれるところまで追い込まれているのだ。

そんな矢先に飛び込んできたのが「ノルドストリーム」の爆破だった。

ガスパイプライン「ノルドストリーム」爆破事件

ノルドストリームとは、ロシアからバルト海の下を通ってドイツまで天然ガスを運ぶパイプラインである。2011年11月から稼働を開始し、年間に550億立方メートルもの天然ガスを供給している。さらに新しいノルドストリーム2も2021年秋に完成したが、ロシアのウクライナ侵攻を受けて、こちらの方はドイツ政府が稼働を見送っている状態だ。

このノルドストリームが2022年9月26日、デンマークのボーンホルム島の南東12カイリの海底で爆発した。さらに同月29日にもスウェーデンの排他的経済水域（EEZ）の海底で爆発し、計4カ所のガス漏れが発生した。

このガス漏れを受けて、デンマークとスウェーデンの両国は9月30日にそれぞれ見解を示し、「ガス漏れは数百キロの爆薬に相当する水中爆発によって引き起こされたものであり、事故ではなく意図的な行為によるものだろう」と述べている。

さらに10月に入って、ドイツやノルウェーの捜査当局が水中ドローンを使って調査したところ、海中の水圧に耐えられるように分厚い金属で作られているパイプラインが、長さ8メートルにもわたって裂けていたり、ねじ曲がったりしている状態を確認し、その映像を公開している。関係者はそろって「爆薬を使った破壊工作」である可能性が高いと述べている。

それでは、いったい誰がノルドストリームを爆破させたのか。

このことに関して、爆破直後に投稿されたTwitterが世界中で物議を醸した。ポーランドの元外相でEU議会議員のラデク・シコルスキが、ノルドストリームのガス漏れによって渦巻き状の白浪が海上に広がっている画像とともに、「Thank you,USA（アメリカよ、ありがとう）」というコメントを添えて投稿した。つまり、この爆発はアメリカが仕組んだものだということを暗にほのめかしたのだ。

これはあながち否定できない。なぜなら、アメリカのジョー・バンデン大統領が、「ロシアがウクライナに侵攻すれば、ノルドストリームの計画を終わらせてやる」とロシアのウクライナ侵攻直前の2022年2月に予告めいた発言をしていたからだ。

仕組まれた「相場操縦」でガス価格が乱高下

さらに、このノルドストリームの爆破によって、天然ガスの先物市場が大幅に動いた事実にも注目したい。それこそ1回目の爆破の直後に2割も値上がりしたのだ。

この値上がりに関しては、爆発当日のうちにドイツ政府が「パイプラインの修復は不可能」という見解を発表したことも大きい。ノルドストリームからのガス供給が全面的に止まればガス不足になり、天然ガスの価格が上昇する見方が強まるからだ。

ところが、1回目の爆発が起きた翌日9月27日に、ノルウェー領の北海産の天然ガスをデンマーク経由でポーランドに供給するパイプライン「バルティック・パイプ」の開通式が行われると、天然ガスの先物市場は一転して値下がりした。

この一連の相場の動きには、大きな違和感を覚える。というのも、ノルドストリームからの供給が全面的に止まれば、確かにガス不足になり、天然ガスの価格が上昇する。しかしノルドストリームは、2022年6月14日以降すでに天然ガスの供給量が減らされており、8月31日には供給が完全にストップした。さらに9月2日には、「圧縮機でオイル漏れが見つかった」として、ロシアはノルドストリームからの供給を無期限に停止すると発表している。

つまり、ノルドストリームの爆発がなくても、ヨーロッパでのガス不足の状況は変わっておらず、天然ガスの先物市場において2割も上昇すること自体が不可解といえるのだ。

しかも、爆発当日のうちにドイツ政府は「パイプラインの修復は不可能」という見解を発表したのだが、これも市場をあおるためだと指摘されている。パイプラインの修復が不可能なのは事実だとしても、そのことによってドイツ国内が大混乱に陥るならまだしも、ノルドストリームが爆発した翌日でもドイツ国内では通常の生活が営まれており、産業もいつもどおりに操業していた。何もドイツ政府が爆破当日に、パイプラインの修復が不可能と発表する差し迫った理由はなかったのだ。

さらに、1回目の爆発の翌日にバルティック・パイプの開通式が行われると、天然ガスの先物市場は一転して値下がりしたが、この新たなパイプラインがなんとも怪しい。

映像で確認してみると、新しくできたパイプラインは銀箔のダンボールで覆われており、パイプの直径も通常なら40インチは必要なのに明らかに細すぎる。情報筋によると、それは下水道のパイプだったという。

ここから見えてくるのは、このバルティック・パイプは実際には完成していないか、最初からでたらめなものだったかということだ。まだ完成していないのに、あたかも完成したように見せたのであれば、それは何らかの意図があったからに他ならない。考えられるのは、ノルドストリームの爆発によって急騰したガスの先物価格を、今度は値下げに転じさせるためだということだ。ポーランドへのパイプラインが完成すれば、ヨーロッパ諸国へのガス供給不足が解消されるとして、ガス価格は下落することは分かっている。

つまり、先物取引でガス価格が大きく乱高下したこと自体が、何者かによる相場操縦ではないかということだ。このような相場操縦を行うとことで莫大な利益を得ようとしたのだ。

パイプライン爆破の真犯人

このような大がかりな相場操縦をできるのは誰かといえば、今のところハザールマフィア以外には考えられない。なぜならハザールマフィアは、これまでも相場操縦によって巨額な利益を上げてきた事実があるからだ。

例えば、ハザールマフィアであるロスチャイルド一族傘下の「グレンコア」という世界最大の商品取引商社は、「イランの核問題」を利用する形で巨額の利益を上げてきた。イランの核問題とは、イランが原子炉の建設を進めたことで、核兵器を開発しているのではないかという疑惑である。アメリカやイランと敵対するイスラエルを中心とした西側諸国は、イランに核兵器開発を断念させるために経済制裁を課したり、解除したりを繰り返してきた。その度に石油の値段が乱高下した結果、グレンコアは大もうけをした。

それはグレンコアとそのバックにいるハザールマフィアが、イラン政府や敵対するイスラエル政府の両方にお金を配り、対立を演出させることで、石油の相場を操縦したからに他ならなかった。相場が上がると分かっていれば、すぐさま買いに入り、相場が上がったときに売ればもうけとなる。逆に相場が下がると分かっていれば、すぐさま売りに入ることで損失を防げる。それを繰り返すことで、グレンコアを筆頭にハザールマフィアは巨額の富を懐に入れてきたのだ。

　それゆえに今回のノルドストリームの爆発も、ハザールマフィアによる工作の可能性が高い。ＦＳＢ（ロシア連邦保安庁）の情報筋によると、ロシアはすでにイギリスとアメリカの戦艦がノルドストリームの爆破工作を行った証拠を握っているという。

　ロシア外務省のマリア・ザハロワ報道官は、早い段階から今回のノルドストリームの爆破工作は「国家テロ」だと公言している。ウラジーミル・プーチン大統領も、２０２２年10月12日にモスクワで開催されたエネルギー関連会議の席上で、「アメリカ、ポーランド、ウクライナがノルドストリームを破壊した。ロシアから西欧へのガス輸送を妨害して、アメリカからの液化天然ガスの輸入を増やすためだ」と発言している。

　これに対してハザールマフィア配下の大手マスコミは、ロシアの破壊工作であるかような報道を垂れ流したが、どれも信憑性の低いものだった。ノルドストリームからのガス供給はすでにストップしており、無期限停止も宣言されていた。ガス供給を停止してヨーロッパ諸国を苦しめたいのであれば、このまま天然ガスを供給しなければいいだけであって、何もノルドストリームを破壊する必要がロシアにはないのだ。ハザールマフィアが支配する大手マスコミを使ってロシアを犯人に仕立てようしても、無理がありすぎる。

産油国の原油減産で「凍える西側諸国」

ノルドストリームが爆破されたという事実は、ハザールマフィアの利益になっても、ヨーロッパに住む人々にとっては災難なだけである。今後ノルドストリームを経由して天然ガスを供給しようとしても、爆破による損傷を修復するにはそれ相当の時間がかかり、すぐに再開できる見込みはない。

ロシアからのガス供給の代わりにアメリカや中東からの液化天然ガスを増やそうと思っても、液化した天然ガスを気化する施設や、輸送するタンカーの経費の問題もあり、すぐにはロシアからの天然ガスの代替とするのは難しいと先に述べた。そもそも液化天然ガスを運ぶタンカーの数は限られているので、他の地域へ運ぶためのタンカーをヨーロッパ諸国に向けることもすぐにはできない。

アメリカを中心にした西側諸国はエネルギー危機を回避するため、エネルギー大国のベネズエラやイランにすり寄ったが、相手にされていない状態だ。それどころか、イランにロシアが接近し、OPEC（石油輸出国機構）のような天然ガスのカルテルをつくろうという動きさえある。これが実現すれば、ますますヨーロッパ諸国は苦境に追い込まれるだろう。

現時点でヨーロッパ諸国は、エネルギーに関してロシアからの供給だけでなく、ロシア以外の国々からも供給を絞られている現実がある。例えば、アフリカのアルジェリアからスペインへのガス供給が2022年5月初旬から約25％も削減されたり、同じアフリカのリビアでは新ロシア派の軍事勢力による妨害で石油の生産自体が止まったりもしていた。

ほとんどの産油国がすでに反ハザールマフィア組織ともいえる「上海協力機構」の側についている。上海協力機構とは中国、ロシア、インドなどの8カ国による組織だったが、2021年9月にはイランが正式に加盟し、サウジアラビアなども将来の加盟を見据えたパートナー国として参加することが決定している。また、アラブ首長国連邦（UEA）などの産油国もパートナー国への手続きを開始することが2022年9月16日に発表された。

それだけではない。OPECとロシアなどの非加盟産油国で構成される「OPECプラス」が、世界のエネルギー危機を考慮して原油を増産する決定をしていたが、世界的な景気減速への懸念を理由に、2022年11月から減産することに決定を改めた。

アメリカにすれば、エネルギー危機を脱するためにも、ロシアからの輸入分を補うために産油国に増産してほしかった。しかし今回の決定は、そんな減産を猛反対するアメリカを無視した形で強行されたのだ。

しかも、今回のOPECプラスによる減産決定は、ロシアからすれば痛くもかゆくもないものだった。というのも、ロシアはその時点で原油生産量の下限を下回っており、実際に減産するのは生産量の多いサウジアラビアやイラク、アラブ首長国連邦ということになる。そして、全体的に生産量が減れば原油価格が上昇するために、結果的に原油による収入が増えることになる。ガス供給に関するロシアの収入についてと同じ構図で、ロシアからすれば自分の懐を痛めることなく、アメリカなどの西側諸国を逆に追い込む手段となっているのだ。

今回のOPECプラスの減産決定を受けて、アメリカのカリーヌ・ジャンピエール報道官は「OPECプラスがロシアと足並みをそろえているのは明らかだ」と発言したが、アメリカの方が国際的に孤立していることを暗に認めたようなものでもある。

このように、ロシアのウクライナ侵攻に対してアメリカは、エネルギー資源の輸入禁止といった経済制裁を世界に呼びかけたが、実際にはエネルギー危機によって苦境に陥っているのはアメリカを含む西側諸国である。このままでは本当にヨーロッパ諸国の一般市民は、寒さをしのぐために必要な燃料を確保できなくなるかもしれない。

「金融の支配者」ロスチャイルド一族の失脚

エネルギー問題は物価高騰を招く要因になり、経済にも直結する。

ウクライナ侵攻に対してアメリカを中心とした西側諸国は、ロシアに経済制裁を加えたが、世界のほとんどの国はその制裁に参加していない。これまで見てきたようにエネルギーにしても輸出国の多くはロシア側についており、エネルギー危機や経済混乱に陥っているのは西側諸国の方だ。

西側諸国の大手マスコミは、経済制裁によってロシア経済はすぐに崩壊するだろうという論調で報道していたが、これに対してロシアのアントン・シルアノフ財務大臣が次のような発言をしている。

「西側諸国によるロシアのデフォルトについての報道は、現状と大きくかけ離れている。本当にデフォルトしているのは西側諸国の方だ」

これは皮肉でもなんでもない。プーチンも2022年6月に開催されたサンクトペテルブルク国際経済フォーラムでの演説で、「ロシアへの制裁を実施したことで被るEUの損失は、計算できる分だけでも来年には4000億ドルを超えるだろう」と過激な発言を放ったが、現実的にヨーロッパの経済は破綻しつつある。

金融経済アナリストのマーティン・アームストロングによると、ヨーロッパのすべての国で年金ファンドが維持できなくなっているという。それは、ほぼすべての企業や公的年金ファンドが年金積立金を投資で運用して成り立っているからであり、彼の試算ではヨーロッパ諸国の金利水準を8％まで引き上げないと年金の支払いは不可能だという。ヨーロッパ中央銀行はマイナス金利を続けていたが、物価高騰を受けて2022年7月に11年ぶりに政策金利を0・5％引き上げ、9月と10月にさらに0・75％ずつ引き上げて2％にした。しかし、8％までにはほど遠い。金利を上げすぎると、今度は債務の返済についての利子も増えてしまうので、諸刃の剣でもあるのだ。アームストロングは次のようなことまで述べている。

「ヨーロッパ各国の政府は崩壊しつつある。もしもデフォルトに陥った場合、何百万人もの人々が暴徒化して、その国の国会議事堂を襲撃するだろう」

ハザールマフィアのハゲタカファンドの一つで、世界最大の資産運用会社「ブラックロック」のラリー・フィンク最高経営責任者（CEO）は、ロシアのウクライナ侵攻によって「過去30年間続いたグローバル化に終止符が打たれた」と公言したが、これは世界経済が変革しつつあることを言い換えているにすぎない。

このブラックロックにしても、本体の経営が危ぶまれている。2022年1月11日、「ブラックロック・インターナショナル」という会社が、アメリカ・ルイジアナ州西部地区で連邦破産法第11章の適用を申請していたことが判明している。つまり、経営破綻したのである。このことが万が一、世界の主要上場企業の大株主でもあるブラックロック本体に関わるものであれば、いずれはこの綻びが歴史的な市場崩壊を引き起こし、世界に変革が起きる可能性が極めて高いといえる。

実際に世界の変革がすでに始まっていることは、イギリスの政界を見ても分かる。

２０２２年10月20日、イギリスのリズ・トラス首相が辞任を表明した。首相就任からわずか45日後のことだった。トラス首相は党首選挙で公約した減税策を含む「ミニ・バジェット（小さな予算）」を発表したが、ポンドが急落してイギリス経済が大混乱に陥り、クワジ・クワーテング財務大臣を解任するなど、これ以上、政権を維持することは困難だと判断した結果の辞任だった。

ＭＩ６の情報筋によると、イギリスでこの一連の騒動を引き起こした大元の要因は、ロスチャイルド一族の失脚だという。

ロスチャイルド一族は世界の金融市場を支配したことでハザールマフィアの頂点に立つ存在であるが、クワーテング財務大臣が解任された10月17日以降、イギリスの中央銀行であるイングランド銀行の支配権を完全に失ったというのだ。

さらに、ロスチャイルド一族のスイス分家も配下の銀行が経営危機に陥るなど、追い詰められているようだ。アメリカのニューヨーク連邦準備銀行が２０２２年10月13日に発表したデータによると、スイスの中央銀行であるスイス国立銀行が、ＦＲＢとの通貨スワップ枠から62億７０００万ドルを引き出したという。これは何を意味するのかというと、アメリカの中央銀行であるＦＲＢがスイスの中央銀行に対して、「62億７０００万ドルの資金援助を行った」ということである。しかも、スイス国立銀行は10月6日にもＦＲＢの通貨スワップ枠から31億ドルを引き出したばかりで、合計すると10月だけで93億７０００万ドルにもなる。

市場関係者によると、この目的はスイスの大手銀行「クレディ・スイス」の破綻を防ぐためだったという。世界最大規模の金融コングロマリットであるクレディ・スイスが破綻すれば、瞬く間に連鎖倒産が発生し、欧米の金融システムが危機的状況に陥るのは必至だ。このように、世界の金融市場を支配してきたハザールマフィアの根幹が揺らぎつつあるのだ。

ロシアのウクライナ侵攻が世界の金融システムを崩壊させる引き金の一つとなったが、実はそれ以前から金融システムはすでに崩壊しつつあった事実も見逃してはいけない。

その最大の要因はドルの価値の崩壊である。

世界経済を支配する「基軸通貨ドル」の誕生

アメリカの中央銀行であるＦＲＢが発行するドルは、これまで長きにわたって世界の国際基軸通貨として君臨してきた。基軸通貨とは、国と国が貿易などの経済取引をするときに、その決済手段として用いられる通貨のことである。それだけに信頼に裏打ちされていない通貨は、基軸通貨として各国間の決済に使用されることはない。

実はドルを基軸通貨に押し上げたのはハザールマフィアだった。

その歴史は古い。しかも、ドルを基軸通貨に押し上げた歴史は、そのままハザールマフィアが世界の金融システムを支配下に置いてきた歴史でもある。現在の金融システムの崩壊を理解する上でも重要なので、以下にかいつまんでその歴史を述べておく。

18世紀後半に銀行家として成功し、ヨーロッパ貴族の仲間入りを果たしたマイヤー・アムシェル・ロスチャイルドは、ロスチャイルド一族の祖であると同時に、ヨーロッパにおける近代ハザールマフィアの権力基盤を築いた人物である。その彼は貨幣の価値をいち早く見抜き、貨幣を制するものが世界を支配すると考え、「我に通貨発行権を与えよ！」という有名な言葉を残している。

マイヤー亡き後、その遺志を受け継いだ彼の5人の息子たちはヨーロッパ各地に事業を展開し、19世紀に入るとイギリスの中央銀行であるイングランド銀行を乗っ取り、イギリス通貨ポンドの発行権を手に入れる。さらに、国際金融資本が集まるロンドンの「シティ」を支配下に置き、ポンドを世界の基軸通貨としていった。

その一方でロスチャイルド一族は、圧倒的な経済力を背景に南北戦争で疲弊していたアメリカに食い込み、政府中枢を掌握する。1913年、「FRB（アメリカ連邦準備理事会）」

という名前を冠した中央銀行を成立させ、アメリカ通貨ドルの通貨発行権を手に入れる。その結果、アメリカ政府は自由に紙幣を刷れなくなった。アメリカ政府は国債を発行し、それと引き換えにＦＲＢがドルを発行することになったのだ。

こう述べると意外に思われる人がいるかもしれない。本来、通貨とはその国の政府の意を受けて中央銀行が発行するもので、国債と引き換えに発行するわけではないからだ。しかし、ドル紙幣を見てみるとよく分かる。そこには「紙幣」を意味する「ＢＩＬＬ」という文字はなく、「証書」を意味する「ＮＯＴＥ」という文字が書かれている。ドル紙幣はあくまでも国債という借金に対する「借用証書」だということの意味なのだ。

しかも、借金は利子を付けて返済しなければならない。つまり、アメリカの場合、ドルを刷れば刷るほど借金が膨らむということだ。当然、アメリカ政府はＦＲＢに借金を返済しなければならない。その返済に当てるお金はアメリカ国民の税金である。その返済されたお金はそのままＦＲＢの利益となり、ひいてはその利益がＦＲＢの大株主であるロスチャイルド一族を筆頭とするハザールマフィアの手に渡ることになる。

さらにロスチャイルド一族を筆頭とするハザールマフィアは、１９２９年の世界恐慌や１９３３年の金融恐慌、１９３９年に勃発した第２次世界大戦などで経済的に疲労している連合国に対して、今後の貿易を円滑にするためという理由で、金（ゴールド）１オンスを35

ドルとするという国際ルールを押し付ける。当時、世界各国の通貨は金本位制に則っており、その通貨を裏付けるために同等の価値のある金を中央銀行が保有していなければならなかった。ハザールマフィアが後押しするアメリカが莫大な金の保有量を背景に、金の交換における世界基準をドルにしようとしたのだ。

これによって各国の通貨は、ドルを基準にしてその交換比率が決められることになった。これこそがドルが国際基軸通貨になった瞬間だった。1944年、この決定をした国際会議がアメリカのニューハンプシャー州ブレトンウッズで開かれたことから、これ以降の世界の金融体制を「ブレトンウッズ体制」という。

しかし、その後、金に裏打ちされた金本位制をアメリカが維持することが難しくなっていく。アメリカは1965年から本格的に介入したベトナム戦争などで国内経済が疲弊し、保有している金が急激に流出していったのだ。

これに危機感を抱いた当時のリチャード・ニクソン大統領は、1971年、ドルと金の交換を中止することを電撃的に発表する。いわゆる「ニクソンショック」である。その意味するところは、「金に裏付けされた金本位制は廃止するが、ドルは基軸通貨のまま」ということである。なんとも自分勝手で乱暴な話だが、経済力が低下したとはいえ、それでもなおGDP世界第1位を誇るアメリカに他の西側諸国は逆らえなかった。

さらにアメリカは、圧倒的な軍事力を背景に産油国に対して圧力をかけ、産油国で構成されるOPECとの間で「今後の原油価格はドル建てで決定し、取引もドルで行う」という取り決めを結ぶ。これによって石油を輸入しなければならない数多くの国々はドルを手に入れる必要に迫られることになり、ドルの基軸通貨としての地位がさらに強化されていった。

ちなみに産油国に圧力をかけて、このようなドル優位の体制を築いていった過程には、アメリカの石油市場を独占し、石油王とも呼ばれたジョン・ロックフェラーを祖とするロックフェラー一族の暗躍があったことも付け加えておく。

高値のドルが引き起こすアメリカ経済の混乱

このようにハザールマフィアはドルを基軸通貨にすることで、世界の金融や経済を自分たちの支配下に置いてきた。しかも、ドルを発行すればするほど自分たちの利益になることも先に述べたとおりである。

さらにハザールマフィアは、その後もドルの価値を保つためにあらゆることを行ってきた。

例えば、石油の値段が下がりそうになると、産油国が集中する中東などで内戦が起こり、結果的に原油価格が高騰してきたという歴史がある。これはハザールマフィアが、手先であるCIA（アメリカ中央情報局）やギャングを産油国に送り込み、反政府ゲリラを煽動したり、彼ら自身が反政府ゲリラとなってクーデターを仕掛けたりしたからに他ならない。

その代表的なものには、1953年に起きたイランの軍事クーデターがある。このクーデターにCIAやイギリスの秘密情報機関が関与していたことが、2013年に公開されたアメリカの機密文書で明らかになっている。

このようにCIAなどを使ってハザールマフィアの利益になるように画策したのは、第1章でも触れた「ナチス派ハザールマフィア」のブッシュ一族である。ブッシュ一族は積極的に暗躍したことでハザールマフィアの権力の中枢にまで登りつめ、一族の中から2人の大統領を輩出するまでになっていった。

こうまでしてハザールマフィアはドルの価値を守り、自分たちの利益に結び付けようとしたのは、ドルを基軸通貨として維持することで世界経済をコントロールするためだ。

しかし、アメリカという国から見た場合、ドルが基軸通貨であることは良いことばかりではない。ハザールマフィアが基軸通貨としてのドルの価値を維持していくことは、彼らの利益にはなるが、ほとんどのアメリカ国民の利益にはならないからだ。

本来、通貨の価値はその国の実体経済にあわせて変わっていくが、ドルの場合はアメリカの実体経済とは関係なく高値で維持されるため、国内経済は混乱していくことになる。

特にモノを輸出する場合、相手国との通貨との比率で、その値段が決まっていくが、ドルはアメリカの実体経済を無視して高値であるため、アメリカ製品の値段も高くなってしまう。本来ならアメリカの実体経済にあわせれば、ドルのレートはもっと低くていいはずだからだ。その結果、アメリカ製品の国際競争力が弱まり、国内の製造業の経営が苦しくなっていった。

さらには輸出品が減り、その代わりに輸入品が増えていくので、貿易赤字も増大していき、ますます国内経済が立ち行かなくなっていった。すべてはドルが基軸通貨であることが原因といっても過言ではないのだ。

こうした現状を受けて、ハザールマフィアが握っている通貨発行権をFRBから政府に取り戻そうとした動きもこれまでにあった。FRBの代わりに連邦政府が運営する真の意味での中央銀行を設立し、ドルに代わる新しいアメリカの通貨を発行しようとした大統領がいたのだ。その一人が第35代大統領ジョン・F・ケネディである。

しかし、ご存知のように彼は1963年11月、テキサス州ダラスで凶弾に倒れて暗殺される。彼が暗殺されたのは、FRBから通貨発行権を奪おうとしたからに他ならない。そして、その黒幕にいるのはハザールマフィアだった。その詳細については私の過去の著作物に書いてあるので、そちらを参照にしてほしいが、それほどまでに基軸通貨であるドルの闇は深いことの証拠でもある。

とはいえ、ドルの価値は現在、崩壊しつつある。いや、すでにすでに崩壊しているといってもいいだろう。

先に述べたように、ドルの価値を守ろうとするハザールマフィアの企てによってアメリカの国内経済が衰退していき、貿易赤字だけでなく財政赤字も膨らみ続け、現在のアメリカ政府の債務残高の総額は200兆ドルを優に超えるまでになってしまった。

これまで石油を確保するには、世界の多くの国が基軸通貨であるドルを手に入れなければならず、そのためにハザールマフィアの支配を許してきた側面が強かった。しかし近年、「シェール革命」により石油生産量が増えた結果、アメリカ自体が石油輸出国になったことで、それほど中東などの産油国にこだわる必要がなくなった。また、石油がだぶついて、需要よりも生産量が上回る状態になり、世界の国々が争うように石油を購入することはなくなってきている。そのためにドルに対する世界各国の依存度が徐々に減ってきたのだ。

「国際ドル」と「アメリカドル」という2種類のドル

さらに、そのドル自体が「実体経済と関係なく無作為につくり出された裏付けのない通貨」だということに世界の多くの国が気づきはじめたことも、ドルの価値を大きく下げる大きな要因となっている。これまで説明したように、ニクソンショック以降、金に裏打ちされた金本位制が廃止されたために、ドルの価値を裏付けるものは何もない。それこそアメリカの実体経済を反映させていないことも先に説明したが、まさにドルとはハザールマフィアによって無理矢理につくられた通貨にすぎないのだ。

これは、アメリカがすでに国家としての信用を失っているということだ。

信頼する情報筋によると、アメリカは赤字を計上する相手国に対して、借金の返済額と同じだけのドルを印刷することを認めているという。そもそもドルは、FRBに対する借用証書だったと先に述べたが、今度は債権国に対する借用証書として使用しているというのだ。

そこまで追い詰められているアメリカだが、現在のドルは2種類あると考えた方がいいだろう。第2次世界大戦後にアメリカ以外の国が保有してきたドルと、現在バイデン政権下でFRBが発行しているドルの2種類だ。この二つはまったく違っていて、前者は国際間の取引では使えるが、後者は使えない。

つまり、これまでは何の裏付けもないドルで取引を行ってきたが、今後は何の裏付けもないドルでの取引は行わないと債権国から宣告されたのだ。そのために今、アメリカで出回っているドルはアメリカ国内でしか通用しないものになっており、世界のほとんどの国ではすでにドルを偽札に等しい存在としてしか見ていない状況になっている。もはや世界各国では

ＦＲＢが新たに発行するドルの価値を認めなくなっているのだ。

その証拠に、ロシアのウクライナ侵攻で引き起こされたヨーロッパのエネルギー危機に対して、ロシアや他のエネルギー輸出国のほとんどがエネルギーの供給を拒んでいるのは、ドルでの取引を拒絶しているからに他ならない。すでに基軸通貨としての価値がなくなったドルでの取引は意味をなさないからだ。そういった意味では、アメリカ以外が保有しているドルを「国際ドル」、ＦＲＢが発行しているドルを「アメリカドル」と呼ぶべきだろう。

ただし、現在発行されているアメリカドルに、基軸通貨としての価値がまったくなくなったわけではない。というのも、これまで基軸通貨としての国際ドルが世界中で大量に流通されてきたために、その価値がゼロにしてしまうと、それを保有している国々の経済だけでなく、世界の金融システム全体が大混乱に陥ってしまうからだ。だからこそ、ハザールマフィアも必死になってドルの価値を高めようとしており、それが現在のドル高につながっているわけだが、ドルの価値が弱体化していることだけは紛れもない事実である。

価値を失ったドルをロシアと中国が攻撃

ロシアはそんな弱体化したドルを見透かすように、ウクライナに侵攻を開始した直後の

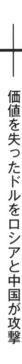

2022年3月、ロシア通貨ルーブルの金本位制復活を宣言した。金本位制は1971年のニクソンショック以来、廃止されたが、それを復活させるということは、ドルに代わってルーブルが今後の基軸通貨になると宣言したようなものである。

中国も事実上、数年前から中国通貨の人民元を金本位制に移行している。2018年3月、中国は人民元建ての原油先物を上場し、中国の先物市場として初めて海外投資家の参加も認め、さらには香港や上海の取引所での人民元と金の交換も可能とした。これは金に交換可能な人民元建ての原油先物を開始したということである。

このようにロシアと中国は、ハザールマフィアに管理されてきたドルに対する攻撃を開始したともいえるだろう。

実際問題として、実体経済や貴金属、商品などの裏付けが何もないドルよりも、金に交換できることを政府が保証したルーブルや人民元の方が信用度は高くなる。すでにサウジアラビアやナイジェリアなどの産油国もルーブルか人民元でしか取引しなくなっており、インドやイラン、アフリカの多くの国も貿易の際に同様の措置を取り始めているのが実態だ。

さらにロシアは、2022年4月1日からエネルギー資源をルーブルでしか売らないと発表した。これに対してヨーロッパ諸国は一斉に反発し、ポーランドとブルガリアなどはルーブルでの支払いを拒否したが、両国に対してロシアが天然ガスの供給を停止すると宣告すると、事実上ルーブルでの支払いに応じることになった。事実上というのは、ロシアの天然ガスに依存したドイツとイタリアのエネルギー企業は、ロシアの銀行「ガスプロムバンク」に口座を開設して実質的にはルーブルでの購入を続けており、それらの企業からポーランドやブルガリアにロシア産の天然ガスが提供されているからだ。

もしもこのままルーブルでの取引しか認めないとしたら、ハザールマフィアが石油の取引をドル以外は認めないとしたことで基軸通貨としての価値を高めたように、今後はルーブルがドルに代わって基軸通貨になる可能性も否定できない。実際に中国は人民元を基軸通貨にしようと虎視眈々と狙っている。

いずれにせよ、このままいけば、世界の経済はこれまでのハザールマフィア支配からロシアと中国の支配に移行されることだろう。今回のロシアのウクライナ侵攻に対する経済制裁の一つに、国際決済ネットワーク「ＳＷＩＦＴ」からロシアを締め出すというものがあったが、まったく効果がなかったばかりか、逆に西側諸国が苦しむ事態になったことは第1章で述べた。これを見ても、これまでの金融システムが形骸化していることがよく分かる。

もちろん、こうした事態を招いたのは、ハザールマフィアがこれまで長年にわたって人類をだまし、世界の金融システムを支配下に置くことで好き勝手に振る舞ってきたからに他ならない。実体経済や金などに基づかないどころか、何の裏付けもない「無」からつくられているドルを基軸通貨として世界に流通させてきたことも詐欺的な行為だといっていい。

だからこそ、そのことに気づき始めた世界の多くの国々は、ハザールマフィアに管理された西側諸国の中央銀行が発行するドルやユーロを拒絶し、その結果、西側諸国は石油や天然ガスなどを購入できず、過度なインフレや燃料不足などを招き、これまでにない混乱に陥ったのだ。すでに西側諸国の敗北が目に見えているといえなくもない。

しかし、何度も言うようだが、ハザールマフィアはそう簡単に退場してはくれない。仮想通貨を将来の通貨システムと位置づけて、自分たちが管理する中央銀行からデジタル通貨として普及させようと企んでいることを先に述べたが、これも信用が失墜したドルの代わりに新しい管理ツールを探している証拠である。デジタル通貨には何の裏付けがないために、この試みは失敗に終わるだろうが、ハザールマフィアの抵抗は、まだまだ予断を許さない状況が続くことだけは確かだろう。

それでなくてもハザールマフィアは巧妙であり、狡猾である。今回のロシアによるウクライナ侵攻においても、それがよく表れている。ハザールマフィアの巧妙で狡猾な謀略を次章でさらに詳しく見ていこうと思う。

第3章

ヨハネ黙示録の「四騎士」と三つの謀略

人類を襲う「疫病」「飢饉」「戦争」

独裁的な世界「支配」体制を確立

今回のウクライナ侵攻は、ロシアによるハザールマフィアへの攻撃であることを第1章で述べた。それにもかかわらず、ハザールマフィアが支配する西側諸国の大手マスコミを使ってウクライナ侵攻をあおり、泥沼化させようとするのは、それが彼らの利益になるからだ。

さらに、そこから見えてくるものがある。

それはハザールマフィアの一貫した謀略である。

その謀略は三つに集約される。「疫病」「食料危機」「全面戦争」だ。

ロシアもすでにそのことに気づいている。ウクライナ侵攻後の2022年6月2日、ロシアのドミートリー・メドベージェフ前大統領がテレビインタビューで次のような発言を堂々と口にした。

「ヨハネの黙示録の〝四騎士〟がすでに彼らの道を進んでいる」

ヨハネの黙示録の「四騎士」とは、新訳聖書の「ヨハネの黙示録」に記されている4人の騎士のことだが、それぞれ「疫病」、「飢饉《ききん》」、「戦争」、「支配」を表すとされている。

実際にハザールマフィアは、これまで「疫病」や「飢饉」、「戦争」による独裁的な世界「支配」体制の確立を狙って動いてきた。新型コロナウイルスやウクライナ侵攻、食料危機など、すべてハザールマフィアがあおってきたことだ。メドベージェフ前大統領はそのことを暗にほのめかしたのだ。

これは別の言い方をするなら、ハザールマフィアは自分たちの独裁的な世界支配体制を確立するために、人々の命を奪ってきたということだ。

確かに彼らは、長年にわたって生命を脅かす謀略をめぐらせてきた。「疫病」や「飢饉」、「戦争」はどれも私たち一般市民の生命を脅かし、実際に生命を奪うものだ。その証拠に、彼らが政治や経済を支配するイスラエル以外のすべての国において、出世率が低下の一途をたどっている。

例えばアジアの中で、ハザールマフィアに政治や経済を最も侵食されている日本や韓国、シンガポールは共通して出生率が世界最低レベルにある。この傾向は韓国と北朝鮮の出生率の差を見れば明らかで、1人の女性が生涯に産むと見込まれる子供の平均数は、2021年の韓国は0・81で、北朝鮮の1・9の半分以下にまで低下している。日本においても2021年の出生率は1・3と6年連続で低下し、出生数は81万人で1899年の調査開始から過去最少を記録し、15年連続で低下している。

このようにハザールマフィア流の政治や経済、社会運営の仕組みは、明らかに人口の減少につながっているのだ。

世紀末を実現する「全面核戦争」

それでは、ハザールマフィアの謀略である「疫病」「食料危機」「全面戦争」について具体的に見ていこう。

まずは「全面戦争」である。これはロシアのウクライナ侵攻をハザールマフィアがあおっていると第1章で説明したが、彼らが最終的に目指しているのは、第3次世界大戦の勃発であり、全面核戦争だということである。

ハザールマフィアが全面核戦争を勃発させたい理由の一つに、「聖書に記された世紀末の予言を実現させる」という悪魔的な思想がある。彼らは「全面核戦争の末に人類の9割を抹殺し、生き残った人間を自分たちの奴隷にして支配する」と本気で信じているのだ。

「ナチス派ハザールマフィア」のブッシュ一族は、中東などの石油の利権をめぐってクーデターを画策してきたが、この根底にあるのもやはり、世界情勢で緊張が高まり、第3次世界大戦に発展しようがかまわないというハザールマフィアの悪魔的な思想である。

ロシアとドイツを結ぶ天然ガスのパイプライン「ノルドストリーム」の爆発にしても、これがアメリカの仕業という確たる証拠が出れば、ロシアに対する宣戦布告と取られても仕方がない。しかし、ハザールマフィアはそうなってもいっこうにかまわない。とにかく、彼らは第3次世界大戦を起こしたくて仕方がないからだ。

その他にもシリア内戦、イランの核問題など、これまで起こってきた世界各地の紛争などは、そのほとんどにハザールマフィアが絡んでいるといっていい。

FSB（ロシア連邦保安庁）の情報筋によると、アルメニアやカザフスタン、アゼルバイジャンなどで、ハザールマフィアが工作資金をばらまき、現政権を転覆させようと動いているという。それだけではない。南米や中近東、アフリカ、アジアなど、世界各地に紛争の火種をふりまき、いつその火種が燃え上がるか分からない状態でもある。

台湾をめぐる中国の軍事的圧力にしても同様だ。2022年8月2日にアメリカのナンシー・ペロシ下院議長が台湾を訪問したが、これはわざと中国共産党を怒らせ、過剰反応を引き起こそうとしているようだった。というのも中国政府は、もしもペロシが台湾を訪問したら、「断固とした強力な報復措置をとる」と警告を発していた。それにもかかわらずペロシが台湾訪問を強行したことで、中国は反発し、台湾周辺で大規模な軍事演習を行い、台湾海峡に緊張が走ることになった。ペロシは言うまでもなくハザールマフィア側の人間である。

北朝鮮のミサイル問題も同じだといえる。2022年に入っても、北朝鮮は立て続けに弾道ミサイルを発射し続けており、その数は年間で40を越えている。その度ごとに日本の政府やマスコミは大騒ぎをする。それこそ2022年10月4日には、弾道ミサイルが日本上空を通過としたことで、「Jアラート（全国瞬時警報システム）」が鳴り響いたが、北朝鮮が飛ばしたミサイルは日本の上空といっても、はるか上の宇宙空間を飛んだものだった。それどころか、ミサイルの軌道とまったくかけ離れた地域でJアラートが鳴り、かえって混乱を招く事態となった。このJアラートは11月3日にも東日本を中心に鳴り響いたが、北朝鮮から発射されたミサイルは日本の上空を通過していなかったことが防衛省からすぐに発表された。

アメリカ宇宙軍の幹部筋によると、台湾をめぐる中国の軍事的圧力や、北朝鮮のミサイル発射などは、ただのパフォーマンスにすぎないという。ハザールマフィアからすれば、中国や北朝鮮との対立をあおることで、第3次世界大戦の勃発を狙っているだけでなく、緊張関係を高めることで自分たちの利益につなげているのだ。

それは日本の政治を見てみるとよく分かる。台湾や北朝鮮の問題をめぐって緊張が高まるたびに、保守派と称する自民党の国会議員を中心に、日本の防衛費を引き上げようとする議論が活発になっていくが、その中身はというと、「敵基地攻撃能力」という名目でアメリカの軍産複合体から高額な武器を輸入することに他ならない。アメリカの軍産複合体とはハザールマフィアそのものであり、台湾や北朝鮮の問題をあおり立てれば立てるほど、ハザールマフィアがもうかることになっていくのだ。

アメリカ軍が北朝鮮にソ連製ミサイルを仲介

そもそも北朝鮮のミサイルが、実はアメリカ軍が仲介してロシア軍から北朝鮮に渡ったものだという事実を皆さんはご存知だろうか。

北朝鮮によるミサイルの開発は、１９７６年にソ連製の弾道ミサイル「スカッド」をエジプトから入手したことから始まったとされているが、それだけではない。

冷戦時代、ソ連はアメリカに対抗するために中距離ミサイルや迎撃ミサイルの開発を進め、自国や東側諸国に配備していた。しかし冷戦が終わると、それまで巨額を注ぎ込んできた大量のミサイルがだぶつくようになり、また東側諸国にも売れなくなってしまった。ソ連も解体したことで、政府や軍部の関係者は経済的に窮していった。そんなときにアメリカ軍が北朝鮮にエージェントを送り、ソ連製の中距離ミサイルを購入する仲介をしたのだという。この話は、アメリカのリチャード・ニクソン大統領とジェラルド・フォード大統領の政権下で国防長官を務めたドナルド・ラムズフェルドから、私が直接聞いたものだ。

この事実は、アメリカ軍が同じ軍隊同士ということでロシア軍の窮状を見かねて助け舟を出したという側面もある。しかし大方は、北朝鮮のミサイル開発を陰で支援することで、極東アジアの緊張関係を高めようとするハザールマフィアの意向が強かったと思われる。

その後もハザールマフィアは、北朝鮮にミサイルと核開発技術を渡しただけでなく、日本に向けてミサイルを飛ばすように要請していた。それは、そのことで日本に冷戦時代に開発した迎撃ミサイルを売り付けるためであり、日本政府はまんまとその策略にはめられ、北朝鮮のミサイル開発に対する危機感からアメリカの言い値で迎撃ミサイル「パトリオット」を購入し続けることになる。ハザールマフィアと北朝鮮は裏で手を結んでいたのだ。

今回のウクライナ侵攻についても、ハザールマフィアはウクライナ国内での武力衝突をあおり、アメリカからの武器供与を続けることで、自分たちの利益につなげている。結局、彼らが画策する「戦争」は、「人類の9割を抹殺し、生き残った人間を自分たちの奴隷にする」という悪魔的な思想を背景にして、自分たちの利益に結び付けることにあるのだ。

ハザールマフィアが戦争をあおって世界経済を混乱させていることは、今回のウクライナ侵攻で実証済みだが、その背景には自分たちが巣くっているアメリカの倒産問題をごまかそうとする狙いもあると先に述べた。これも早い話、「自分たちに延命資金をよこさないと、全面核戦争を始めるぞ」と世界を脅迫しているようなものなのだ。

アメリカ軍幹部の情報筋によると、ウクライナで核爆弾を爆発させて核戦争を引き起こそうと試みる動きもあるらしい。しかし第1章でも述べたが、核兵器に関しては、もしも現実に使用されることになれば、アメリカ軍の良識派を中心にロシア軍も含めた世界の多くの軍部が黙っていない。このことは重要なので、ここで再度、付け加えておく。

演出された世界的な「食料危機」

「食料危機」もハザールマフィアがこれまで画策してきた謀略の一つである。これも世界経済を混乱させることでアメリカの倒産問題をごまかそうとする方策であり、食料危機によって人類を大量餓死させようという悪魔的な思想がその背景にある。

今回のウクライナ侵攻においても食料危機が叫ばれた。

ハザールマフィアの中核をなすロスチャイルド一族とイタリアの財閥アニェッリ一族が所有する週刊新聞『エコノミスト』の表紙には、「The coming food catastrophe（来たる食料大惨事）」などと脅迫めいたタイトルが付けられ、ハザールマフィアが支配する国連などの国際機関や大手マスコミは大々的に食料危機をあおり立てる情報を発信した。

例えば、国連世界食糧計画（WFP）のデイビッド・ビーズリー事務局長は、2022年3月の段階で今回のウクライナ侵攻で第2次世界大戦以来、目にしたことがない大惨事が起こると警告を発した。確かにウクライナとロシアは世界の小麦の約30％、トウモロコシの約20％を生産しており、例えばエジプトやレバノンなどは穀物の約80％以上をウクライナからの輸入に依存している。また、食料支援の必要な途上国にも多大な影響を及ぼすだろう。

しかし実際問題として、ビーズリー事務局長が言うような「第2次世界大戦以来の大惨事」が起こったのだろうか。

もちろん、ロシアがウクライナの港湾を占拠し、輸送ルートのある黒海周辺の船舶の運行を止めたり、道路や橋、鉄道などの破壊により、陸路からのルートも遮断されたりしたことで、ウクライナからの輸出が滞ったことは事実である。そのために穀物を中心とした食料価格が高騰し、エネルギー危機も重なって、世界各国で食料品などが値上がりした。イランやイラクなどの中近東各地では食料の供給不足や食品価格の高騰により暴動が起きたり、スリランカでは大統領や政府高官の邸宅がデモ隊に襲われ、放火される事態も発生したりした。

しかし2022年、ロシアでは小麦の記録的な豊作が見込まれている。ブラジルなど他の国々も食料輸出を増やしている。それは当たり前といえば当たり前の話だ。ウクライナからの穀物の輸出入が減ったら減ったで、それを補う手段を講じるのが各国政府の務めであり、ある意味、ビジネスチャンスともなるからだ。世界各国はウクライナからの輸入を補うためにすでに新しい取引を開始している。

それなのに、「第2次世界大戦以来の大惨事」が起こるかのような過激な発言を世界の要人が口にすることは、食料危機をあおっているとしか思えない。

それどころか、食料危機をつくっているのは、実はハザールマフィアが支配する西側諸国の方であるという事実を見逃してはいけない。

アフリカ西部、セネガルのマッキー・サル大統領は、「ロシア制裁を扇動しているアメリカが食料危機の原因をつくっている」とはっきりと断言した。アフリカ諸国は、中近東の国々と同様にウクライナとロシアからの食料輸入に依存しており、深刻な食料不足に直面している。それだけにサル大統領は、真実を突き付けてアメリカを非難したのだ。

実際にロシアは「平和的な輸送を確保する準備ができている」と呼びかけ、ウクライナの穀物輸出を容認していた。サル大統領はウラジーミル・プーチン大統領から直接、その旨を聞いたと言っている。それにもかかわらず、アメリカのジョー・バイデン大統領は輸出用食料の物流が止まったままの状態を放置し続け、何ら積極的に動こうとはしなかった。それどころか西側諸国は、「制裁」を口実に輸出拠点の封鎖やベラルーシに制裁をかけるなどして、実質的にロシアとウクライナの食料輸出を止めていたのだ。

見かねたトルコが国連とともに仲介に入り、2022年8月に入ってようやくウクライナからの穀物輸出が再開された。このことによって、ハザールマフィアが言うような「第2次世界大戦以来の大惨事」を防ぐことはできた。しかし、まだまだ油断はできない。ウクライナからの輸出が再開されたといっても、その量はロシアのウクライナ侵攻以前に戻ったわけではない。彼らはいつでも「食料危機」を演出しようと虎視眈々と狙っているのだ。

そんな矢先の2022年10月29日、ロシアはウクライナ産の穀物を黒海経由で輸出することで合意していたが、一転してその合意から無期限で撤退すると表明した。ロシア外務省は、輸出船を守るためという名目で黒海に展開するロシアの艦隊が、ウクライナ軍によって攻撃されたことへの対抗措置だと説明している。いずれにせよ、食料危機が再燃する事態となってしまった。ハザールマフィアが食料危機をあおるためにロシアの艦隊を攻撃した可能性も否定できず、結果から見れば彼らの狙いどおりになっているのだ。

気象兵器で「食料危機」をつくり出す

ハザールマフィアが食料危機をあおるのは、そのことによって人類を大量に餓死させる狙いもある。何度も言うようだが、彼らは「人類の9割を抹殺し、生き残った人間を自分たちの奴隷にする」という悪魔的な思想がその根底にあるからだ。

2022年の夏は、ウクライナ侵攻による食料危機だけではなく、欧米や中国を中心に歴史的な干ばつが同時に発生したことも記憶に新しいと思う。

アメリカでは2022年8月時点で、1億3000万人以上の人々が干ばつの影響を受けたという報告がなされている。フランスでも100以上の自治体で飲料水が不足したり、イタリアでは河川の水位が低下したことで水没していた遺構や遺跡が出現したりもした。さらに中国でも記録的な猛暑が続き、干ばつによって水力発電ができず、電力不足で一部の製造業が生産停止に追い込まれた。

このような干ばつによって最も影響を受けるのは農作物である。特にアフリカはこれまでも干ばつによって深刻な食料危機に見舞われ、飢餓に直面してきた。

欧米や中国で干ばつが同時に発生したことは、たんなる偶然とは思えない。気象兵器を使った世界各地への攻撃である可能性もある。

実際にハザールマフィアは、これまでも気象兵器を使って山火事を起こしたり、アフリカでバッタを大量に発生させたりして、食料危機をつくり出してきたからだ。

2019年末に発生したオーストラリアの山火事では、空から放射されたレーザー光線のようなものが現地の住民に目撃され、写真にも撮られている。毎年のように発生するアメリカ・カリフォルニア州の山火事の現場でも、同じような光線が数多く目撃されている。実は、このレーザー光線のようなものこそが、人工衛星から発射された気象兵器である。2008

年の北京オリンピックのときに、中国が人工降雨ロケットを使って開会式を晴天のもとで実施したことは有名な話だが、このように気象兵器はすでに実用化されているのだ。

２０２０年2月、アフリカのソマリアでサバクトビバッタが大量に発生し、アフリカ東部の穀物地帯の農作物を食い荒らして大きな被害が出た。これも気象兵器によって砂漠地帯に大雨を降らせて砂漠を緑化し、バッタを大繁殖させたのだ。

このように気象兵器を使って食料危機をつくり出す理由は、アメリカに莫大な利益をもたらすからでもある。アメリカは大豆やトウモロコシ、小麦などの穀物の輸出量が世界第1位であり、その他の農産物や畜産物の生産量でも世界第1位を誇っている。アメリカに巣くうハザールマフィアは、気象兵器を使って干ばつや洪水を起こすことで世界各地の農業に多大な被害を与え、アメリカの農産物の輸出量を増やそうとする狙いもあるのだ。

新型コロナは仕組まれた「疫病」

ハザールマフィアが画策する謀略の最後は「疫病」である。ハザールマフィアはこれまでも「疫病」をつくり出し、その恐怖をあおってきた。

その最たる例が「新型コロナウイルス」である。

新型コロナウイルスが2019年12月に中国の武漢で初めて感染者が見つかって以来、世界各地でパンデミック（感染爆発）が起こった。日本では2022年11月現在においても、第8波が始まったと医療関係者や政府が警告を発している。2022年10月末日時点での新型コロナウイルスの累計感染者は世界で6億3000万人を越え、死者は660万人にも達したと報道されている。

しかし、新型コロナウイルスとそれに続くパンデミック騒動は、ハザールマフィアによってつくり出されたものということが今でははっきりしている。それを裏付ける科学的資料や政府の秘密文書も次第に明らかになってきた。

例えば、ニューヨークの非営利団体「エコヘルス・アライアンス」の提案書『プロジェクト・ディフューズ』がインターネット上にリークされ、「コウモリ由来のコロナウイルスの機能獲得実験」に関する証拠資料が明るみに出た。

この団体はアメリカ政府の新型コロナウイルス対策を指揮したアンソニー・ファウチ博士とのつながりを指摘されており、この団体を通して中国の武漢にあるウイルス研究所に340万ドルもの資金が提供されていたことが報じられた。ファウチ博士はアメリカ議会の公聴会で「武漢のウイルス研究所に資金を提供したことはない」と述べてはいるが、彼は長年にわたってアメリカ国立アレルギー・感染症研究所（NIAID）の所長を務めてきており、ハザールマフィアの工作員として実権を振るってきたとされる。

新型コロナウイルスは、野生コウモリのウイルスがその由来であるとされてきた。このエコヘルス・アライアンスの提案書を読むと、確かに野生コウモリのウイルスを使って人間社会で感染爆発を起こさせる研究をしていたことが分かる。つまり、新型コロナウイルスは人為的につくられたということなのだ。

ちなみに、ウクライナに侵攻したロシアが現地で発見した資料からも、新型コロナウイルスが人為的につくられていた証拠がいくつも見つかっている。ウクライナにあるハザールマフィアの拠点を征圧したことで、数々の書類が発見されたのだ。

その一つが「2019年11月12日、アメリカ国防総省が新型コロナウイルス研究（COVID-19 Research）の研究費用を出した」と記載された資料だった。

問題は2019年11月12日という日付である。

WHO（世界保健機関）が新型コロナウイルス感染症の正式名称を「COVID-19」と正式に命名したのは、2020年2月11日のこと。しかも、新型コロナウイルスの最初の患者が中国の武漢で発症したのは2019年12月1日のことであり、そのときは原因不明の肺炎とされていた。その後、検体解析の結果が出て、新型のコロナウイルスであると判明したのは同年の12月30日である。つまり、1カ月以上前からアメリカ国防総省は新型コロナウイルスを「COVID-19」と呼んで、その研究費用を出していたのだ。これを見ても新型コロナウイルスは人為的につくられて、あらかじめ用意されていたものだと分かるだろう。

その他にも渡り鳥を使って疫病をばらまこうとしている証拠などが見つかり、ロシアがその証拠を世界各国の政府に送ったことで、世界中からハザールマフィアに対する反発が高まったことも第1章で述べたとおりだ。

新型コロナで世界の死亡率に変化なし

さらに、その後の新型コロナウイルスによるパンデミック騒動も捏造されたもので、周到に用意されていたことが分かっている。

医学などの科学分野を専門とし、125年以上の歴史を持つ出版社「ヒンダウィ」は、2020年8月以降に掲載した科学論文のうち511編を「非論理的」として撤回する発表をした。CIA（アメリカ中央情報局）の情報筋によると、その論文のほとんどが新型コロナウイルスを科学的に実証したと称した内容だったという。実際には科学的根拠を捏造した論文だったのだ。

世界5大医学雑誌に数えられる『ランセット』や『ニューイングランド・ジャーナル・オ

ブ・メディシン』などもパンデミックを実証するいくつかの論文に捏造があったと認め、撤回を発表している。同筋によると、パンデミック関連の科学的な詐欺はすでに立証されているため、これから多くの民事裁判や刑事裁判が始まるという。

つまり、新型コロナウイルスのパンデミック騒動は、さも感染力が強いように見せかけた嘘の科学的な根拠を基にしてつくり出されたのだ。

とはいえ、パンデミック騒動が捏造されたものだとしても、新型コロナウイルスの感染によって多くの人々が亡くなったことは事実ではないかと反論する人もいるだろう。確かに、日本でも多くの人々が新型コロナウイルスの感染によって亡くなったと報道されている。

しかし、生命保険会社や関係機関に問い合わせれば分かるが、新型コロナウイルスで大騒ぎしていた2020年から2021年にかけての世界の死亡率は、例年とまったく変わっていない。死亡率が急増すれば、それだけ生命保険会社が保険金を払わなければならないが、このパンデミック騒動で保険会社が倒産したという話は聞いたことがない。

欧米の死亡者数の内訳を見てみても、2020年に入ってから従来の肺炎が原因で亡くなった人の数が極端に減っているが、その減った分を補っているのが新型コロナウイルスで亡くなった人たちになっていることが分かる。

新型コロナウイルスのパンデミックで死者が急増したような印象があるが、全体的に見れば、例年どおりに亡くなる人が亡くなっただけということだ。つまり、新型コロナウイルスのパンデミックによって特別に大量の死者が急増していたわけではなかったのだ。

捏造された感染者数と死者数

新型コロナウイルスのパンデミックが起こったように見せるために、感染者や死亡者の数を捏造し、水増ししてきたことも分かっている。

このことはパンデミックが始まった当初から指摘されてきた。2020年4月、アメリカ・ミネソタ州の共和党上院議員で医師でもあるスコット・ジェンセン博士が、「政府機関の保健福祉省（HHS）が新型コロナウイルスの検査をしていない肺炎患者が亡くなった場合も、死因を新型コロナウイルスと死亡診断書に記入するように指導していた」と証言したのだ。アメリカ政府のコロナウイルス対策機関であるCDC（疾病予防管理センター）も、「当初発表した新型コロナウイルスにおける感染者数のデータは間違っていた」と認めている。

アメリカでは日本のように国民皆保険制度がなく、保険に加入できない貧困層の人たちは費用がかさむので病院に行こうとしない。普通の風邪で肺炎になっても治療を受けずに亡くなる人も多い。そんな人まで新型コロナウイルスで死亡したとしてカウントされてきたのだ。

バイク事故などで死亡しても、死因が新型コロナウイルスであれば保険金が下りるというので、新型コロナウイルスで死亡したことにしたということも実際に数多く起きていた。

アメリカだけではない。オーストラリアの政府高官も2022年2月に、「3週間前に風邪をひいた人が、回復した後に自転車事故を起こして骨折で入院した場合も、新型コロナウイルス感染者の統計に入れられていた」と記者会見で告白している。

そもそも、新型コロナウイルスの感染を判定するPCR検査自体が怪しい代物だった。

PCR検査で新型コロナウイルスの陽性とされた1500人の検体を精密に調べたところ、一部にインフルエンザB型がある以外、すべてがインフルエンザA型のウイルスだったという検査結果が、アメリカ・カリフォルニア州にある研究所で明らかにされた。つまり、普通のインフルエンザに感染していても、PCR検査によって新型コロナウイルスに感染したと判定されてしまったのだ。実際にアメリカでPCR検査そのものに疑いがあるとして、200万件もの検査が無効になったという報道もなされたほどだった。

ポルトガルやオーストリア、スペイン、カナダでも、PCR検査の信憑性を疑って裁判に訴えたところ、「科学的な観点から見て、新型コロナウイルスのPCR検査はナンセンスである」という正式な判決が出ている。

MI6（イギリス秘密情報部）の情報筋によると、陰性であっても陽性の反応が出るようなインチキなＰＣＲ検査キットを、ハザールマフィア配下の医療関連企業が開発していたという。実際、日本でも、とある外資系のハゲタカファンドの子会社が提供する検査キットで検査すると、たとえ陰性でも陽性の反応が出るという告発が病院関係者から私のもとに寄せられた。日本で第５波とされるパンデミックが２０２１年９月末に急激に減ったのは、この検査キットの使用をやめたからだった。

ＰＣＲ検査と並んで活用されているものに抗原検査というものもあるが、これは最初からＰＣＲ検査よりも判定の精度が低いといわれているもので、あてにはならない。

このように、いい加減な検査キットを使えば、いくらでも新型コロナウイルスの感染者数を増やせるということであり、実際にそうやって感染者数を増やしてきた。

新型コロナウイルス騒動とは、風邪やインフルエンザ、肺炎などもまとめて新型コロナウイルスとし、感染者の数そのものもインチキなＰＣＲ検査を使って捏造したものだったのだ。

新型コロナの正体は「5G」

新型コロナウイルス騒動の背景にあったものとして、もう一つ重要なものがある。

それは「５Ｇ」だ。

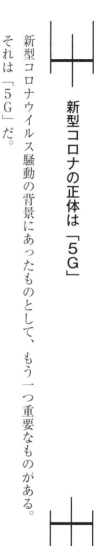

5Gとは「第5世代移動通信システム」のことで、これまでよりも高速で大容量のデータ通信が可能になるとして、日本でも2020年3月から5Gに対応したスマートフォンが発売されている。ただし、5Gのサービスを利用するためには5G電波を中継する基地局が必要となる。日本ではこの5G基地局の設置が遅れており、現時点では5Gが使える地域はまだ限定されている状況だ。

この5Gの発する電磁波が極めて危険だということが、多くの科学者から告発されている。人体に5Gの電磁波を受けると、肺細胞が破壊され、咳や鼻水などの肺炎に近い症状が出て、ついには死に至るというのだ。それはまさに新型コロナウイルスによって重篤化して、死亡する過程と同じである。

実際に新型コロナウイルスの発症事例を分析した結果、その約96%が5Gのサービスを展開している地域で発症していたことが分かっている。これは偶然というにはあまりにも一致している。しかも死亡率で見てみると、5Gのサービスを展開している地域は、そうでない地域の2倍以上も高かった。日本で5Gのサービスが始まったのは2020年3月からだが、日本で新型コロナウイルスの感染拡大が始まったのも2020年3月以降からだった。

2020年2月、高級クルーザー船ダイヤモンドプリンセス号が船内から新型コロナウイルスの感染者が出たため、横浜港内に隔離処置された騒動があった。このとき、日本政府が

5Gの実験をするために、乗客たちに5G端末を配り、密閉された船の中で5Gを稼働させたという情報がある。その結果、3771人の乗客乗員のうち712人が新型コロナウイルスに感染し、14人の方が亡くなった。日本政府はこのときのデータを先進国に伝え、5Gの危険性が実証されたために、現在、全世界で5Gの普及が止まっているのだという。

それほどまでに5Gは危険なものであり、それと同時に5Gが今回の新型コロナウイルスのパンデミックに深く関係しているということだ。さらに、5Gによって肺にダメージを受けた人たちも、新型コロナウイルスに罹患《りかん》したことにされてもきた。

基礎疾患があったり、高齢だったりした人の死亡例が多いとされている新型コロナウイルスの特徴を見ても、実際は5Gによって肺にダメージを受けていた人たちが、通常の風邪やインフルエンザなどの感染でも重篤化したと見る方が自然だろう。しかも、5Gが原因にもかかわらず、新型コロナウイルスによる死者数にカウントしていった。これが今回のパンデミック騒動の真相だったのだ。

武漢のパンデミックは5Gによる攻撃

新型コロナウイルスが最初に発症したとされる中国の武漢でパンデミック騒動が起きたの

も、CIAの情報筋によれば5Gが原因だという。

2020年1月20日、武漢では新型コロナウイルスの感染者が激増に伴い、大規模な都市封鎖（ロックダウン）が実施されたが、中国政府の発表によると感染による死者数は3869人にも及んだ。

しかし、実際の死者数は2000万人を超えていたことが、CIAが現地に送り込んだエージェントによって確認されている。それこそ死者が多すぎたために、アパートのドアを封印して遺体をその中に放置した様子や、処理が追いつかずに遺体であふれかえった火葬場などが衛星写真に撮られている。

注目すべきなのは、中国の武漢は5Gの最前線都市だった点だ。武漢は5Gの実験地域として5Gに必要な基地局の設置が進められ、2020年度内には市内全域をカバーする5Gネットワークが完成する予定だった。しかも市民に5G端末を支給し、それと連携した人工衛星まで打ち上げ、本格的な5Gのサービスを運用しようとしていた。

さらに、武漢は人口1000万人を超える中国有数の工業都市でもある。工業化によって深刻な大気汚染に悩まされており、その影響で武漢には気管支炎を患っている市民が多いという要因も重なっていた。

まさにそんな矢先にパンデミックが起こった。

ハザールマフィアが支配する西側諸国の大手マスコミは、すぐに「武漢にある生物兵器研究所からウイルスが流失した」と盛んに報じたが、中国側は当然のように強く否定した。実際に、このパンデミックの原因は新型コロナウイルスではなく、衛星兵器からの電磁波攻撃を受けた結果、武漢全域に設置された基地局から放出された強力な5Gの電磁波によるものだった。

衛星兵器については食料危機を説明するときに気象兵器を例にして触れたが、山火事を起こしたり、人工的な雨を降らせたりするなど、すでにさまざまなところで使用されてきた。

とにかく武漢で起こったパンデミックの原因は、新型コロナウイルスではない。

もしも新型コロナウイルスによるものだとしたら、武漢以外の都市にも感染が広がっていなければならないが、このときのパンデミックは武漢の中でしか起きていない。1000万人を超える大都市の武漢ならば、たとえロックダウンしたからといって、それ以前にすでに周辺の都市に感染が広まっているのが普通である。日本においても東京でパンデミックが起きれば、埼玉や神奈川でもパンデミックが起きるのが当然である。

それなのに武漢の場合は、5Gが普及している地域だけに限定してパンデミックが起きたとされている。それはこのパンデミックの原因が、新型コロナウイルスのような感染症ではないという証拠である。

それればかりではない。武漢の死者数が他の都市に比べて圧倒的に多いことも不自然だった。普段、言論や報道に規制をかける中国政府ならば数をごまかすところだが、このときばかりは膨大な死者を前にして隠しきれなくなり、何度も修正した末に、3869人という死者数を発表せざるをえなかった。

このように武漢で起こったパンデミックは、5Gの電磁波によって多くの市民の健康が害されていたところに、さらに強力な5Gの電磁波が浴びせられたことが原因だったのだ。その結果、新型コロナウイルスの感染症と同じような症状を示す人たちであふれかえり、膨大な死者が出たのである。

そして、この5Gの電磁波攻撃を武漢に行ったのは、ハザールマフィアの意を受けたアメリカだった。倒産状態のアメリカは、200兆ドルを超える債務を抱えており、毎年1月31日と9月30日には借金を返す対外支払い期日を迎える。この支払いをなんとかごまかすために、ハザールマフィアが謀略をめぐらしてきたことは先に述べたが、このときも2020年1月31日の支払期日が目前に迫り、困ったアメリカ政府は中国に譲歩を懇願した。多額の借金の返済を待ってもらうように泣き付いたのだ。しかし、中国側はそれを断った。そのためにアメリカは5Gによる電磁波攻撃を武漢に仕掛け、中国側に脅しをかけた。これが武漢で発生したパンデミックの真相だったのだ。

ちなみに、この武漢への5G攻撃は、現在の中国の習近平体制にいまだに影響しており、そのことについては次章で詳しく説明する。

ワクチンが生み出す莫大な利益

ハザールマフィアの巧妙さは、新型コロナウイルスのパンデミックを捏造したことだけではない。新型コロナウイルスの感染症対策に効果があるとして、ワクチンの接種を世界各国に推し進めた。これもまたハザールマフィアが画策した謀略だった。

しかも、このワクチン接種の呼びかけは、まるで世界規模のキャンペーンといっていいほど大々的に行われた。それこそ当初、ハザールマフィアの支配するアメリカンでは、ワクチン接種を推し進めるために1万3000人以上もの州兵を動員した。

日本でもワクチン接種を推し進めようと、あの手この手を使ったキャンペーンがあったことは皆さんもご存知のとおりだろう。ワクチン接種は1回だけでは効果が弱いとして2回、3回、4回と実施され、2022年10月末日現在で日本におけるワクチン接種の総回数は3億3000万回を超えている。

なぜ、こうまでしてハザールマフィアがワクチン接種を広めようとするのかといえば、それが莫大な利益を生むからである。

新型コロナウイルスのパンデミックにしても、この騒動によって世界経済が混乱する一方で、ハザールマフィアが大もうけした事実がある。そのカラクリの一つにあるのは株価の上昇だ。世界各国がコロナウイルス給付金などの対策をとる積極財政に舵を切った結果、市中に出回ったお金が株式市場に流れて株価が上昇し、世界の大企業のほとんどの株主であるハザールマフィアの資産が膨れ上がっていくことになった。

ワクチンにしても、接種が普及すればするほど、製造している製薬会社の利益となる。日本でも接種する国民は無料だが、これらのワクチンは日本政府が製薬会社から買ったものだ。当然、莫大なお金が製薬会社に渡り、ワクチン接種が続くかぎり利益は増えていく。

そればかりではない。当然ながら新型コロナウイルスに関わる医療関係の利権にも大きくつながっている。もちろん、製薬会社をはじめとする医療関係の企業や組織は、ハザールマフィアの支配下にあることはいうまでもない。こうしてワクチン接種が普及すればするほど、ハザールマフィアの利益となっていくのだ。

このようにハザールマフィアの利益が増大していることは、数々の調査結果からも分かっている。「はじめに」でも触れたが、新型コロナウイルスのパンデミック騒動で私たち庶民の生活が困窮している一方で、ハザールマフィアが君臨する世界の最富裕層は、その資産をさらに増やしているのだ。

　こうして見てみると、新型コロナウイルス騒動とワクチン接種キャンペーンは、ハザールマフィアにとってはマネーロンダリングだったことが分かってくる。新型コロナウイルスの対策のために世界の多くの国が積極財政に舵を切ったと先に述べたが、それは各国が多額のお金を刷り、市中にばらまいたということであり、その額は世界で約10兆ドルだといわれている。そのお金がワクチンや治療薬といった新型コロナウイルスに関わる医療関係の企業や組織、政府機関を通して、最終的にハザールマフィアのもとに還元されていった。

　しかも、ハザールマフィアは政治家たちに賄賂をばらまき、パンデミック騒動をあおっていった。

　ベラルーシのアレクサンドル・ルカシェンコ大統領が国営通信の取材で暴露していたことだが、彼はハザールマフィアの支配下にある世界銀行から9億7000ドルものお金を提示され、その代わりにパンデミック騒動をあおるように依頼されたというのだ。しかし彼はそれを断ったという。

　同じようにタンザニアなどのアフリカ諸国もハザールマフィアの支配下にあるIMF（国際通貨基金）からお金を提示されたが、これを拒否している。これらの国々は例外で、特に西側諸国の政治家たちには多数の賄賂が渡っていたとみる方が自然だろう。だからこそ西側諸国を中心とした国々では、ハザールマフィアの思惑どおり、新型コロナウイルス騒動が起こったのだ。

早急すぎるワクチン承認の闇

しかも、新型コロナウイルスのワクチン自体にさまざまな疑惑がかけられている。

新型コロナウイルスの正式名称はＷＨＯによって「ＣＯＶＩＤ-19」と命名されたことは先にも述べたが、これは「CORONAVIRUS DISEASE 2019」の略だと説明されている。直訳すれば「２０１９年に発生した新型コロナウイルス感染症」ということになる。しかし、もう一つの意味として、「CERTIFICATE OF VACCINATION ID 19」の略でもあることが分かっている。日本語に訳すと「２０１９年にワクチン接種を受けた証明書」ということになる。これはどういうことかというと、新型コロナウイルスが発生したと同時にワクチン接種がすでに考えられていたということである。

実際にアメリカの製薬会社「ファイザー」のワクチンは、わずか9カ月という短い期間で開発され、アメリカ政府の承認を得ている。同じくアメリカの「モデルナ」やイギリスの「アストラゼネカ」のワクチンにしても同様だ。普通、ワクチン開発には10年ほどかかるといわれているが、このワクチン開発の異常な早さを見ると、新型コロナウイルスのパンミックが始まる前からすでにワクチンが開発されていたと疑われても仕方がない。

しかも、実際にワクチン接種がスタートすると、奇妙なことも起こった。ワクチン接種の進んでいる国の方が、新型コロナウイルスの感染者数が増加しているというデータが発表されたのだ。例えば、イスラエルは世界で一番ワクチン接種が進んでいたのに、新型コロナウイルスの感染者数が急増した事実がある。これは何を意味するかというと、ワクチンをすることで逆に新型コロナウイルスに罹患してしまうのではないかという疑惑である。

世界5大医学雑誌の一つ『ランセット』も「ワクチン自体がパンデミックの原因である」とするデータを2021年12月に発表した。それによると60歳以上でワクチン接種を受けたにもかかわらず新型コロナウイルスに罹患した人の割合は、2021年10月27日時点で、ドイツで約58・9％、イギリスにおいては約89・7％にものぼる。逆にワクチン接種をしていない人が感染した割合は、イギリスでたったの約3・4％だった。

これらのデータを見ても、ワクチン自体が新型コロナウイルスの感染を予防するどころか、感染させている原因だと指摘されても反論はできない。信頼できる情報筋によると、ワクチン全体の約5％に新型コロナウイルスの感染症とされる症状が出るような成分が混入されているという。つまり、ワクチンを打った20人のうち1人が新型コロナウイルスの感染症にかかってしまうことになる。

新型コロナウイルスの感染を防ぐために奨励されたマスクにしても、かえって健康被害をもたらすというデータも数多く報告されている。それらによると、マスクの着用が感染症の予防になるという科学的根拠はなく、逆に健康リスクが高まるとされる。それにもかかわらずマスクの着用を奨励し、義務付けてきたのだからあきれる以外にない。

アフリカ諸国はハザールマフィアからの賄賂を拒否したと先に述べたが、そのアフリカ諸国ではパンデミック騒動もワクチン接種キャンペーンも行われていない。だからなのだろう。アフリカ諸国では新型コロナウイルスの感染者がほとんどいないことも付け加えておく。

隠蔽されるワクチンの副反応と健康被害

さらに当初から、新型コロナウイルスのワクチンによる副反応や有害事象について警鐘が鳴らされていた。

2020年12月の時点で、ファイザーの最高科学責任者だったマイケル・イードン博士と、欧州評議会の保健衛生委員会委員長であるヴォルフガング・ヴォダーグ博士が連名で、EU政府の欧州医薬品庁に対して、すべての新型コロナワクチンの研究を中止するように要求する異議申し立てを行っている。ワクチンの開発段階からその効果が危ぶまれていただけでなく、その危険性が指摘されていたのだ。

ファイザー自体もアメリカ政府に提出した資料において、現在接種しているワクチンはまだ実験段階であり、将来どのような被害を引き起こすか不明だと明記しており、ワクチン接種の危険性を認めている。それにもかかわらず、アメリカ政府はワクチンを承認し、その接種を推し進めていった。それは人々の安全よりも製薬会社の利益の方を優先したからだ。

新型コロナウイルスのワクチン接種が本格的に始まると、案の定というべきか、さまざまな有害事象が次々と報告されてきた。イギリス・スコットランド公衆衛生庁の報告によると、新型コロナウイルス感染者の約80%がワクチン接種者であり、中でもワクチンを3回接種した人たちの死亡率は2022年1月時点で約495%に上昇しているという。つまり、ワクチンが逆に症状を悪化させて死に至らせているという衝撃的な事実が公表されたのだ。

死に至らなくてもワクチンによる副反応や副作用を訴えている人は多い。イギリス政府は、2022年8月時点で46万人がワクチンによる副反応や副作用を訴えていると報告しており、現在でも世界各地でワクチン被害の報告が雪だるま式に増えている。

世界5大医学雑誌の一つで、イギリス医師会が発行する『ブリティッシュ・メディカル・ジャーナル』は、「FDA（アメリカ食品医薬品局）がワクチンの深刻な有害事象に関するデータを隠蔽している」という暴露記事を掲載した。ワクチン接種後に重度の健康被害が出ていなければ、そのデータを隠蔽する必要はないはずだ。

さらに、アメリカを代表する公衆衛生の専門家であるジョン・イオアニディスらの研究者たちが分析した最新データによると、ワクチン未接種で新型コロナウイルスに感染したとされる0~59歳までの生存率は、約99・965％以上だった。つまり、新型コロナウイルスが直接の原因で死亡した人間は、事実上ほぼゼロに等しいということであり、ワクチン接種をする意味がないということになる。

このような現実があるにもかかわらず、ハザールマフィアの支配下にある西側諸国の政府や大手マスコミは、副反応や副作用の実態を報道するよりも、「ワクチンは人々を新型コロナウイルスから守る最善の方法である」と宣伝する方に力を入れてきた。

しかも、ＣＩＡの情報筋によれば、ハザールマフィアの中核をなすロックフェラー財団は心理工学の研究に莫大な資金を投じて、一般の人々にワクチンを普及させるために社会科学者や行動科学者などを世界17カ国に派遣しているという。彼らは洗脳のエキスパートといっていい。そして、このような洗脳のエキスパートを通じて日本をはじめとする西側諸国は、医療団体やハイテク企業、大手マスコミなどを総動員させてワクチン接種を推し進めてきたのだ。

ワクチン接種でブルートゥースが反応

しかし、ハザールマフィアによって捏造された新型コロナウイルスのパンデミックとワクチン接種キャンペーンという一連の騒動は現在、収束を迎えようとしている。

ハザールマフィアの忠実な下僕である日本だけがいまだにマスクを奨励したりしているが、欧米の多くの国ではすでに公共施設のマスク着用やワクチン接種の証明書の提示などの「パンデミック規制」を撤廃している。

この撤廃の動きは一般市民の力が大きかったように思う。ハザールマフィアがいくらパンデミックをあおり、ワクチン接種のキャンペーンを行っても、すでに多くの市民がその嘘に気づき始めたのだ。アメリカの世論調査を見ても、「新型コロナウイルスに関し、信頼している情報源は次のうちどれですか?」という質問に対して、2022年1月10日時点で「バイデン大統領」と回答したした市民は約15%にすぎず、また「大手マスコミ」と回答したのは約10%しかいなかった。

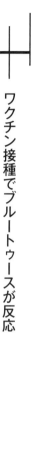

さらに、「反ワクチン」を訴えるデモも西側諸国で激しく繰り広げられていった。

例えば私の故郷であるカナダでも、2022年1月末から2月にかけて大規模な抗議デモが発生した。それはカナダ政府が、アメリカとの国境を往来するトラック運転手たちに新型コロナウイルスのワクチン接種を義務付けたことから始まった。ワクチン接種の義務化に反発するトラック運転手たちが、それこそカナダ全域から全長30キロにも及ぶ車列を組んで首都オタワに終結し、その数はなんと5万台にものぼった。この抗議デモはエスカレートし、国会議事堂に集まったデモ隊を排除するために警察官が投入されるまでになっていく。

このようなワクチン接種に対する抗議デモが激化した背景にあるのは、ワクチンの副反応に対する恐れだけでなく、ワクチンそのものに対する不信感があることも否定できない。その一つはワクチンによる遠隔操作の疑いだ。

新型コロナウイルスのワクチン接種キャンペーンが展開された当初から、ワクチンの中に半導体のチップが入っているのではないかと、インターネットを中心にして世界中の人々が疑義を訴えていた。チップを体内に注入することによって、その人の思考や行動のパターンが読み取られ、遠隔でその人を操作できるようになるというのである。

日本でも2021年8月に、モデルナ社のワクチンから粒子状の異物が見つかったことがあった。厚生労働省はステンレス製の製造部品の破片が混入したとする製薬会社側の調査結果を公表したが、本当のところはいまだに分かっていない。

欧米では現在、ワクチンを接種した腕の部分に「ブルートゥース（Bluetooth）」を搭載した機器を近づけると反応するという動画が出回っている。ブルートゥースとは無線通信技術の一つで、ブルートゥースを搭載したイヤホンといった機器をスマートフォンなどと無線でつなげることができる。現時点で日本では、ワクチンを接種した人がブルートゥースに反応するという事象は報告されてない。しかし日本で反応がないのは、日本と欧米では製薬会社は同じでも、種類の異なるワクチンが出回っているからという説もある。

いずれにせよ、ワクチンに対する人々の不信感は根強いものがある。それは政府に対する不信感であると同時に、その背後にいるハザールマフィアの存在に気づいたことによる不信感だといってもいい。何度も言うようだが、ハザールマフィアの根底にあるのは「人類の9割を抹殺し、生き残った人間を自分たちの奴隷にする」という悪魔的な思想だ。すべてのワクチンというわけではないが、一部のワクチンに遠隔から操作できるような物質が埋め込まれている可能性がまったくないとは断言できない。私たちを遠隔操作するということは「自分たちの奴隷にする」ための最適な方法の一つだからだ。

しかし、世界中でワクチン接種に反対する人々が声を上げたことで、ハザールマフィアの謀略はある意味失敗に終わったといってもいいだろう。新型コロナウイルスという「疫病」に対して、世界の多くの人々は何かしらの疑義を感じ始めており、そのためにハザールマフィアはこれ以上、パンデミックをあおり、ワクチン接種のキャンペーンを行うことに限界を感じていたはずだ。

そんなときにロシアによるウクライナ侵攻が起こったことで、ハザールマフィアは自分たちがロシアから攻撃されているにもかかわらず、これ幸いと人々の関心をウクライナに向けさせようとした。大手マスコミの報道を見ても、一時は新型コロナウイルスのニュース一色だったものが、今ではロシアによるウクライナ侵攻の話題にすり替えられている。ハザールマフィアが画策した今回の「疫病」は、終わりを告げようとしているのだ。

新たな疫病「サル痘」が感染拡大

新型コロナウイルスという「疫病」による謀略が終わろうとしている。

しかし、ハザールマフィアが「疫病」という謀略をめぐらす意味を私たちは決して忘れてはいけない。彼らが目指しているのは、あくまでも独裁的な世界支配体制を確立することにある。そのために彼らは「疫病」を広めようと画策し、その恐怖をあおることで、支配下にある世界の組織を引き締め、さらに強固なものにしようという狙いがある。

すでにハザールマフィアは1975年の時点で、「パンデミックの捏造による世界支配体制を樹立する」という計画を立てていたことが、彼らの出先機関である世界銀行の文章から明らかにされている。

　今回の新型コロナウイルス騒動でも、ハザールマフィアの意を受けたアメリカのバイデン政権が、2022年5月に開催されたWHOの年次総会において、「WHOの強化・拡大」を要請した。その内容は「WHOのトップの独断で、世界のどの国でも理由を問わず、強制的に〝公衆衛生上の緊急事態宣言〟を発令できる」というものだった。

　もしもこの提案が実現したら、WHOに加盟する194カ国の国家権限が奪われることになり、まさに独裁的な世界支配体制の確立につながっていくことになる。

　それこそがハザールマフィアの狙いだったのだが、アフリカを中心とした多くの国々が猛反対したことで、彼らの「国家権力略奪計画」は頓挫した。

　これもまた、世界の多くの国々がハザールマフィアの謀略に気づき始めている証拠であるが、彼らが再び新たなウイルスを世界にばらまく可能性は高い。

　彼らが「疫病」という謀略をめぐらすのは、今回の新型コロナウイルスが最初ではない。2002年から2003年にかけて感染が拡大したSARS（重症急性呼吸器症候群）や、2012年に初めて確認されたMERS（中東呼吸器症候群）、その他にもエイズやエボラ出血熱などもハザールマフィアが画策し、恐怖をあおってきたものだ。彼らはまったくくじけない。それどころか、新しい「疫病」の兆候もすでに見え始めている。

それは「サル痘」だ。

現在、天然痘に似た症状を示す感染症であるサル痘の患者が、欧米を中心に増加しており、今後さらに感染が拡大していくだろうとして、WHOは2022年7月23日、「国際的に懸念される公衆衛生上の緊急事態」であることを宣言して、世界各国に警戒を呼びかけている。

これを受けてハザールマフィアの支配下にある西側諸国の大手マスコミの中には、数年前に撮影された、似たような症状の写真を使って強引にサル痘の恐怖をあおっているところもあった。しかし、そのような捏造はインターネットが発達した現在ではすぐに見破られるだけである。

今後も新たなウイルスによるパンデミックが捏造されるかもしれないが、私たちはハザールマフィアが画策する「疫病」に決して惑わされてはならない。

第4章

世界各国で勃発する「政変」と「権力の興亡」

エリザベス女王死去が象徴する大異変

悪魔的思想とヒトラーのホロコースト

「疫病」「食料危機」「全面戦争」というハザールマフィアの謀略について第3章で見てきたが、これらの工作は現在、どれも不発に終わっているように見える。しかし、まだまだ油断できない状況にある。「疫病」においては、新型コロナウイルスの次にサル痘が発症したりしている。「食料危機」においては、ロシアがウクライナからの穀物輸出を再開する合意を破棄したりしている。「全面戦争」においては、いつなんどき第3次世界大戦が勃発しないとはいいきれない。

それでも、ハザールマフィアの支配してきた既存の体制が、ドミノ倒しのように崩壊しつつあることは確かなようだ。その分かりやすいサインの一つが、西側諸国で起きている「政変」だ。その政変の具体的な中身は後ほど述べるとして、ハザールマフィアそのものが今、解体されつつあることを先に述べようと思う。

ハザールマフィアとは、これまで説明してきたとおり、世界の富を独占する超富裕層の頂点に属する人間のことだ。スイスの学者によって行われたある調査によると、多国籍企業の9割に取締役などの経営陣に重複して名を連ねている者がおり、その数は700人だったという。つまり、この700人が世界にある大企業の活動の9割を支配しているということになる。この700人こそがハザールマフィアに属し、その中枢部の手足となって動いている人間である。そして、その中核をなすのがロスチャイルド一族やロックフェラー一族などで、そこにイギリス王室をはじめとするヨーロッパ貴族やローマ教皇などのバチカン勢力などが連なっている。特にロスチャイルド一族は世界の金融システムを構築し、ロックフェラー一族は石油利権を押さえてきたことなどは第2章で説明したとおりだ。

そして、そんなハザールマフィアの根底にあるのは「人類の9割を抹殺し、生き残った人間を自分たちの奴隷にする」という悪魔的な思想だということも述べてきた。

この悪魔的な思想への信奉を裏付けるような映像も残されている。

その映像は、1933年にアメリカで開催されたシカゴ万博で撮影されたものなのだが、そこには古代神モレクに子供の生贄を捧げる儀式がはっきりと映し出されている。モレク神とは、バアルやサタンなどのさまざまな呼び名があるが、簡潔に言うとユダヤ教やキリスト教における邪神であり、悪魔のことである。その悪魔を狂信的に崇めているのがハザールマフィアなのだ。

さらに、ハザールマフィアの一員であるブッシュ一族のバーバラ・ブッシュの存在を忘れてはならない。彼女は第41代大統領ジョージ・H・W・ブッシュの妻で、第43代大統領ジョージ・W・ブッシュの母であるが、その父親であるアリスター・クローリーは悪魔崇拝的なセックス儀式の実践者として、その世界では有名な人物だった。その思想は「自分たち以外の人間を家畜のように奴隷として扱う」という悪魔信仰をさらに過激に解釈し、「自分たち以外の人間は虐殺してもかまわない」というようなものであった。その悪魔的な思想が娘のバーバラからその夫であるブッシュや子供たち、そしてハザールマフィア勢力全体にまで浸透していった。もちろん、ブッシュ一族にはもともとこのような悪魔的な素養があったことも確かではある。

このようなハザールマフィアの悪魔的な思想は、第2次世界大戦中に起きたホロコーストにも及んでいる。第1章でも述べたが、ドイツのアドルフ・ヒトラーの行動原理はハザールマフィアの思想と同じであり、ホロコーストという言葉自体が生贄を捧げて人間が神に祈る儀式のことを意味している。ヒトラーはハザールマフィアとともに600万人のユダヤ人だけでなく、合計して数千万人に及ぶロシア人や中国人、ドイツ人、日本人を殺害した。ロシアのウラジーミル・プーチン大統領がウクライナ侵攻後の2022年9月30日、ウクライナ領の四つの州をロシアに編入したことを宣言した式典の中で、「欧米権力のトップは悪魔崇拝者である」と批判したが、それはまったく正しいことだったのだ。

現実問題としてハザールマフィアが操ってきたアメリカは、第2次世界大戦後もベトナムやアフガニスタンなど37カ国を侵略し、合計2000万人以上の命を奪ってきた。この数字を見ただけでも、ハザールマフィアに支配された現在のアメリカが崩壊することは、人類にとっての悲願といっても過言ではない。

新型コロナの「戦犯裁判」が開廷

このような悪魔的な思想に支配されてきたハザールマフィアだが、現在はその司令塔的なリーダーが不在になっている。

長らくその地位にいた第3代ロックフェラー当主のデイビッド・ロックフェラーが2017年3月に101歳で死去し、さらにナチス派ハザールマフィアを率いてきたブッシュ一族の長であるジョージ・H・W・ブッシュ元大統領も2018年11月に94歳でこの世を去った。その上、ハザールマフィアの象徴的存在でもあったイギリスのエリザベス女王が2022年9月に96歳で亡くなっている。

世界の金融システムを牛耳ってきたロスチャイルド一族にしても、一族の長老エブリン・ロバート・ド・ロスチャイルドが2022年11月に91歳で死去した。

さらに、今回の新型コロナウイルス騒動の捏造や、危険なワクチン接種キャンペーンを推し進めたハザールマフィアが、戦犯として法の裁きを受けるのは時間の問題だとイギリスやアメリカ、ロシア、イスラエルなどの当局筋がそろって断言している。ここであえて戦犯という言葉を使ったのは、第2次世界大戦後に戦犯を裁いたニュルンベルク裁判で「偽りの理由で医療行為をすることは戦争犯罪である」と明確に述べられているからである。

実際にライナー・フェルミッチ博士という有名な弁護士が、捏造された新型コロナウイルス騒動の責任を追求する集団訴訟を起こしている。

アメリカ国防総省やCIA（アメリカ中央情報局）の情報筋によると、デイビッド・ロックフェラーの長男であるデイビット・ロックフェラー・ジュニアが、新型コロナウイルス騒動を捏造した主犯格として国際指名手配にかけられているという。彼は2022年11月中旬に日本に立ち寄っていることが分かっているが、私が急ぎ取材依頼をしたところ、すでに日本を出国した後だった。

アメリカ政府の感染症対策トップを務めてきたアンソニー・ファウチ博士も、退任を表明している。彼は新型コロナウイルス騒動の捏造を命令したロスチャイルド一族などの責任について、詳しい証言を始めているという情報もある。

このような新型コロナウイルス捏造とワクチン犯罪に対する取締りや訴訟がエスカレートしている状況の中、ハザールマフィア内部で仲間割れのような事態も起きている。

「闇の支配者」の重鎮たちの死によって大変革が起きようとしている

世界を闇から支配してきたハザールマフィアの重鎮が次々と亡くなっている。デイビッド・ロックフェラー、ジョージ・H・W・ブッシュ、エリザベス女王、エブリン・ロバート・ド・ロスチャイルド(写真左上から時計回り)といった司令塔的なリーダーが不在となった結果、ハザールマフィア内部で大変革が起きようとしている。

ＣＩＡの情報筋によると、ハザールマフィアに荷担してきた欧米のエリートたちが自分たちの罪から逃れるために、ワクチン接種による健康被害などの責任を大手製薬会社の背後にいるロックフェラー一族に押し付けようとしているというのだ。この情報筋の言葉をそのまま伝えると、ロックフェラー一族とその財団は「バスの下に投げられる（They are going to be thrown under the bus)」のだという。これは英語圏でよく耳にするフレーズで、「〜を裏切る、〜を見捨てる」などの意味で使われる。つまり、欧米のエリートたちはハザールマフィアを見捨てたということだ。

この情報の中身が真実なら、新型コロナウイルスに関して、史上最大のスキャンダルが今後、暴露されるかもしれない。過去にも大手製薬会社とＷＨＯ（世界保健機関）の癒着が発覚して大問題となった。２０１０年、感染症のパンデミックを判定するＷＨＯのアドバイザー数人が、大手薬品会社から賄賂を受け取っていたことが医学雑誌にスクープされたのだ。パンデミックが宣言されればワクチンが飛ぶように売れることになるのだから、大手製薬会社から賄賂を受け取るなど言語道断である。これに匹敵する、またはそれ以上のスキャンダルが暴露されたら、ハザールマフィアは窮地に追い込まれることだろう。

彼らが法の裁きを恐れ、逃れようと必死にあがいても、戦犯裁判の法定に引きずり出されるのは時間の問題だ。

台頭する「BRICS」と「上海協力機構」

ハザールマフィアが弱体化している現状は、さまざまな分野で見受けられる。

各界の世界的リーダーたちが集まる世界経済フォーラム（ダボス会議）は、周知のとおりハザールマフィアの出先機関である。スイスのダボスで毎年開催される年次総会には錚々《そうそう》たる顔ぶれが集まるのだが、2022年5月に行われた総会には例年出席していたはずの多くの大物が不在だった。日本を含めイギリスやドイツ、フランス、中国、アフリカなどからの政府要人の参加も例年に比べて少なく、全体的に見ても出席していたのは社会的な地位や階級がそれほど高くない人物が多かった。そんな中、世界経済フォーラムの会長クラウス・シュワブは「我々が未来を決める」などと口走って虚勢を張るのが精いっぱいだった。

今回のウクライナ侵攻に対して、ハザールマフィアの支配するアメリカが主導して世界各国にロシア制裁を呼びかけたが、世界人口の約88％に相当する国々や地域の人たちがこの制裁に参加していないことは第1章で述べた。特に南米やアフリカなどの国々の大半は実質的にロシア制裁に参加していない。

それは、ハザールマフィアがそれらの国々で何を行ってきたかを見れば理解できる。

ハザールマフィアは、20世紀に入って帝国主義による植民地支配が終焉すると、今度は自分たちが操る多国籍企業を使って、アフリカや南米、アジアなどの途上国から資源を奪ってきた。しかも、ただ同然の安い値段で買い叩いたために、資源を産出した国の利益にはまったくなっていない。ハザールマフィアは途上国の足元を見て、適切な国際価格での取引をしなかったのだ。

さらには、産油国が団結して石油の値段を決めるOPEC（石油輸出国機関）のような団体をつくることも阻止してきた。これでは途上国はいつまで経っても豊かになれるはずはない。このようなハザールマフィアの強欲なやり口に対する不満が現在、一気に噴出してきているのだ。

反ハザールマフィアの集まりとして代表的なものに、先にも述べたが「BRICS」と「上海協力機構」がある。BRICSとはブラジル、ロシア、インド、中国、南アフリカの新興5カ国で結成されている経済圏のことで、現在、イランとアルゼンチンが加盟を申請している。西側諸国に対抗する勢力として強大な存在感を示している。

上海協力機構とは、2001年に発足した中国、ロシア、インドなどの8カ国による同盟だが、イランが正式に加盟することが2022年7月に決定している。さらには、イスラエル、シリア、イラクなどの他、トルコが参加を申請中で、モンゴル、アフガニスタンなどがオブザーバーとして参加し、エジプト、サウジアラビアなどの10カ国が対話パートナーとなり、アラブ首長国連邦などの5カ国が対話パートナーの参加予定国となっている。このように途上国を中心にした国々が続々と集まってきているのだ。

もしも、ここにEU（欧州連合）諸国が寝返って参加するようなことになれば、ハザールマフィアのこれまでの力は一気に崩壊していくことだろう。すでにEU諸国の一員ではないが、NATO（北大西洋条約機構）軍の中でアメリカに次いで2番目に軍事力を持っているトルコが、上海協力機構に正式に参加を申請している。サウジアラビアなどの中東の産油国が上海協力機構に集まっていることを見れば、ハザールマフィアの支配する西側諸国から反ハザールマフィアへ基軸を移していることも分かるだろう。それゆえに、今後のEU諸国の動向がいっそう注目される。

エリザベス女王は10年前に亡くなっていた

ハザールマフィアの弱体化を表す象徴的な出来事は、なんといってもイギリスのエリザベス女王の死だ。エリザベス女王は、世界権力の頂点に立つ300人で構成される、いわゆる「300人委員会」のトップであり、「地球温暖化派」の指導者だった。

地球温暖化派とは、地球温暖化の原因の一つとされている温室効果ガスを減らすために、ガス排出権の取引や環境税の徴収などを推進しようとするハザールマフィア内のグループのことで、イギリス王室やヨーロッパ貴族を中心として一大勢力となっている。2000年のアメリカ大統領選挙のときは、この地球温暖化派が民主党候補のアル・ゴアの後ろ盾となったが、ナチス派ハザールマフィアに属する共和党候補のジョージ・W・ブッシュ陣営による不正選挙によって敗れてしまった。逆に2008年の大統領選挙では地球温暖化派が支援したバラク・オバマが当選した。

私はエリザベス女王死去のニュースを目にしたとき、18世紀フランスのルイ15世が口にしたとされる有名な言葉を思い出した。それは「我が亡き後に洪水よ、来たれ」という言葉だ。その意味は日本の慣用句でいうと、「後は野となれ山となれ」に近いニュアンスだろうか。

その言葉が示唆するとおり、ルイ15世が亡くなった後のフランスは混乱を極めていった。次代ルイ16世の治世には、財政難による重税や不平等な社会制度への市民の怒りが最高潮に達し、1789年、フランス革命が勃発した。このときの情勢と現在がとても似ていると私は感じたのだ。それはイギリスというより、西側諸国全体がフランス革命前夜の様相を呈しているということだ。

NSA(アメリカ国家安全保障局)の情報筋は、「エリザベス女王は10年前にすでに他界していたのだが、このタイミングで発表されたことに大きな意味がある」と話している。同情報筋によると、エリザベス女王の死が公になったこと自体が、世界権力の裏側で何か尋常ではないことが起こっているというのだ。私もこの情報は正しいと思う。ハザールマフィア内部で何らかの異変が起こっていることだけは確かなのだ。

衰退するローマ教会の「闇の支配力」

ハザールマフィアの中核をなすローマ教会と、その頂点に立つローマ教皇の動きにも注目したい。

これまでローマ教会は、ハザールマフィアの司令部の一つとして機能してきた。ローマ教会とそれに連なるバチカン勢力は、ローマ法王庁の資金管理を行うバチカン銀行を使って、国連に加盟するほとんどの国の指導者たちを取り込んできた。

その手口は、ある人物がその国の大統領なり元首なりに就任すると、バチカン銀行の関係者がその人物を訪ねて通帳を渡すことから始まる。その通帳には何百億円というお金が入金されており、「この金を受け取って自分たちの一員になるか、この金を拒否して暗殺されるか、どちらかを選べ」と返答を迫る。バチカンはれっきとした独立国家であり、その領内にあるバチカン銀行には、他国の捜査機関は原則として指一本触れられない。そのため、そのお金を受け取っても絶対に露見することも、罪に問われることもない。その上で、このお金を受け取らないと命を奪うとまで脅されるのだから、このお金を拒否する者はいない。ハザールマフィアはこうやって各国の指導者ばかりでなく、大企業の経営者たちも自分たちの勢力に取り込んできたのだ。

しかし、今やそのローマ教会の力が衰退しつつある。それは国連の決議に対する各国の反応にも如実に表れている。バチカン銀行の賄賂口座を渡された各国の指導者たちは、これまではハザールマフィアの意向に沿って動いてきた。ロシアのウクライナ侵攻に対する国連総会での決議でも、当初の「ロシア軍の即時撤退を求めた決議」では賛成が１４０カ国で、「人道状況の改善を求めた決議」でも賛成は１４１カ国だった。

ところが、ウクライナの首都近郊などで多くの市民の遺体が見つかったことを受けて、アメリカなどが国連総会に提出した「ロシアの国連人権理事会の理事国としての資格を停止するよう求める決議」では賛成が93カ国になっている。つまり、賛成が45カ国以上も減ったのだ。この決議では反対や棄権、無投票などの賛成以外の国の合計が１００カ国もあり、賛成の数を上回っている。これを見ても、明らかにハザールマフィアの世界への影響力が弱まっていることがわかる。

このような現実を背景にして、ローマ教会は2022年8月22日にローマ教皇の名前で勅令を出した。その勅令とは「バチカン銀行以外の金融機関に任せている委託取引を今年10月1日までにすべて停止（＝すべての資金を回収）し、今後ローマ教会の資金管理はすべて独自で行う」というものだった。

これは、これまで多くの国の指導者に渡されてきたバチカン銀行の賄賂口座をいっそう引き締めようということでもあるが、「外部の金融機関とのつながりを断つ」という意味では、ロスチャイルド一族などのハザールマフィア幹部にとっては大きな打撃となる。支配下に置いた金融機関からローマ教会が資金を引き上げれば、それだけ巨額の損失が出るからだ。今回、ローマ教会が下した決定によって、今後の世界支配体制に大きな影響が及ぶはずだ。

アフリカ出身のローマ教皇が誕生する理由

ローマ教会は世界への影響力が低下していることに危機感を抱いており、そのあせりはさまざまな形で表れている。

2022年8月29日から30日にかけて、世界各地の枢機卿《すうききょう》がバチカンに集合した。これはフランシスコが第266代ローマ教皇に就任して以来、約9年半ぶりに行われた異例の出来事だった。枢機卿とは、ローマ教会の最高顧問としてローマ教皇を補佐する役割を担っており、世界各国に200人ほど存在する。そのうちの100人ほどがローマ教皇を選ぶ選挙の投票権を有している。

ローマ教会に詳しい情報筋の間では、この集会で何か重大な決定がなされるのではないかと一時、騒然となった。その噂の一つは、アフリカのガーナ出身であるピーター・タークソン枢機卿が次期教皇として発表されるのではないかというものだった。同情報筋によると、アフリカ出身のローマ教皇を選出することでアフリカ諸国を味方につけ、世界中で起きている反ハザールマフィアの動きに歯止めをかける狙いがあるのではないかということだった。

しかし、結果的にはそのような発表はなかったが、このような噂が駆け巡るほどにローマ教会は追い詰められていることの証拠だといっていい。

枢機卿が集まった直後の9月2日、ローマ教会は「マルタ騎士団」の大規模な組織改革を発表したが、これも危機感の表れの一つだろう。

マルタ騎士団とはバチカンの下部組織であり、NATO軍の上部組織でもある組織だが、ローマ教皇はこれまでのマルタ騎士団の指導者全員を辞職させ、次の最高指導者であるグランドマスターが決まるまでの臨時指導部を設置した。それと同時にマルタ騎士団の新憲法が発布され、今後は「グランドマスターの終身制」と「貴族制（少数の特権的な貴族が支配階級となる政治体制）」が廃止されることも公表された。

このマルタ騎士団の改革が今後どのような影響をもたらすのかは今のところ不明だが、ローマ教会のこれらの動きは、あらゆる手段を講じてでも自分たちの権力の延命を図ろうとしているように見えなくもない。

チャールズ新国王にささやかれる「影武者説」

実はローマ教皇のフランシスコはすでに死亡しており、影武者がフランシスコを演じているという情報がある。

というのも、ローマ教皇は毎週水曜日にバチカンにあるサン・ピエトロ広場で一般謁見を行うのだが、フランシスコがマスクをつけて登場したとき、明らかに言動がそれまでとは違っていた。それこそゴムマスクを調整している映像も残されているが、それ以降、影武者に置き換えられたと見るべきだろうというのだ。確かに映像を見るかぎり、おかしなところが数多くあり、CGで合成しているか、本人と違う別の役者が演じているとしか思えない。

エリザベス女王亡き後にイギリス国王となったチャールズ3世についても影武者説があり、MI6（イギリス秘密情報部）もチャールズ国王本人であるという確証をまだ取っていないと話している。国王ともなると、直筆の手紙やサインなどの物理的な証拠を確認してはじめて本人だと認定するらしいのだが、まだそのような認定ができていないというのだ。チャールズ国王はエリザベス女王の国葬などでその姿を現わしているが、今やＣＧや特殊メイクといった技術の発達によって、人や物をいくらでも偽造できる時代である。だからこそＭＩ６においても、チャールズ国王本人であるのか、その確認作業が遅れているのだ。

とはいえ、本当に影武者なのかどうか、それを追求することにはあまり意味がない。重要なのは、どうして権力者に影武者が存在するという情報が流れたかということだ。

その理由は、その人物が持っていた権力と権威が以前よりも弱まったため、秘匿すべき情報を隠し切れなくなったからだろう。また、その人物に残された影響力を利用し、裏から操ることで利益を得ようとする人間の存在が見え隠れするからだ。

例えば、ある宗教団体のトップがこの何年間、公の場から姿を消しているが、亡くなったという情報はない。世間に流れている死亡説が本当だとしたら、なぜ、死亡したことを公表しないのか。有力な情報筋によれば、死亡を公表することで組織内外で起きる混乱を避けるためと、本人が生きていることにしてその権益を守ろうとする人間がいるためだという。

それと似たようなことが、この影武者の存在である。結局は影武者であろうが本人であろうが同じことで、要は表側の権力者を操っている「裏側の権力者」が存在するということを表しているのだ。その裏側の権力者とはハザールマフィアであることは説明するまでもない。

そして、そもそも影武者説が流れること自体、ハザールマフィアの上層部で何かしらの変革が起こっている証拠だと見るべきだろう。

ジョージア・ガイドストーンが示す「人口削減計画」

現実問題として、ハザールマフィアがこれまで築いてきた既存の体制が崩れつつあるのは、西側諸国で起きている政変を見ても実感できる。それは西側諸国の指導者たちの総入れ替えが始まったと見ることも可能だ。

ドイツやポーランド、ハンガリーではすでに2022年初頭の時点で新政権が発足しており、2022年の夏にはイギリスやイタリア、エストニアなどの政権が崩壊した。アメリカのバイデン政権やフランスのマクロン政権、カナダのトルドー政権が崩壊するのも時間の問題だろう。

象徴的な事件も起きている。2022年7月6日に、アメリカの「ジョージア・ガイドストーン」が何者かによって爆破されたのだ。

ジョージア・ガイドストーンとは、1980年にアメリカのジョージア州で建立された作者不明の石造のモニュメントのことで、アメリカ版の「ストーンヘンジ」ともいわれてきた。

このモニュメントには、中心部を囲むように配置された4枚の石板に、英語、スペイン語、スワヒリ語、ヒンディー語、ヘブライ語、アラビア語、中国語、ロシア語の八つの言語で「10のガイドライン」と呼ばれる謎の文章が刻まれ、その一つ目には「大自然と永続的に共存し、人類は5億人以下を維持する」と記されている。

この文章は「自然を保護するためには、人類を削減する必要がある」という意味のメッセージであり、西側諸国の支配階級であるハザールマフィアが画策する「人口削減計画」に関係があると多くの人々に信じられてきた。人口削減計画とは、ハザールマフィアの悪魔的な思想である「人類の9割を抹殺し、生き残った人間を自分たちの奴隷にする」という考えを実現させるための世紀末プロジェクトを指している。

現在のところ、誰がどんな目的でこのシンボル的なモニュメントを爆破したのか分かってはいないが、何らかのサインである可能性は否定できない。

イギリスで起きた前代未聞の首相交代劇

それでは、西側諸国では具体的にどのような「政変」が起きているのか。

まずはイギリスである。イギリスは２０２０年1月31日にＥＵから正式に離脱した後、首相の座にあったボリス・ジョンソンが２０２２年7月7日に辞任を表明した。彼が辞意を表明するまでに閣僚を含む約60人の政府関係者が離反するなど、イギリス政府にとっては前代未聞の騒動が起きた。

その後に首相となったリズ・トラスは、「ミニ・バジェット（小さな予算）」を発表して疲弊した経済を立て直そうとしたが、逆に大混乱を招いた責任をとって、10月20日に辞任した。首相就任からわずか45日後という、またもや前代未聞のことだった。

さらに次の首相となったリシ・スナクはインド系の人物で、アングロサクソン系ではない有色人種が首相に就任することは、これもまた前代未聞のことだといっていい。

そのスナク新首相は、ハザールマフィアが支配する金融最大手のゴールドマンサックス出身であることからも分かるとおり、ハザールマフィア側の人間である。ＭＩ６の情報筋によると、イギリスの現在の支配層は、ハザールマフィアとの縁を切ることと、離脱を解消して再びＥＵに復帰しないことを条件に、首相就任を黙認することになっているという。

スナクはインド系であると同時に、彼の妻アクシャタ・マーシーの父親がインド最大級の財閥の一員でもあることから、インドを抱え込むためには絶好の人材とされている。経済が衰退しているイギリスにとって、インドとつながることは経済を復活させるために大きな武器となりうるからだ。さらに、中国やロシアに接近しているインドと関係を密にすることも、今後の反ハザールマフィアの流れに沿うものだと期待されている。

そもそもイギリスとインドは、イギリス連邦（コモンウェルス）の仲間であり、このイギリス連邦を中心に今後の新しい世界体制を構築していこうと話し合いも進められているとの情報も入ってきている。

しかし、最近のスナクの動きを見ていると、ハザールマフィアと完全に決別したようには思えないことから、彼も首相の座から降ろされるのではないかという情報もある。

このように、世界権力の最高峰では相変わらず激しい攻防戦が続いているようで、2022年9月に「MI6長官の秘書が何者かに暗殺された」との情報が寄せられた。

チャールズ国王については、影武者説があることは先に述べたが、イギリス国民にはまったくといっていいほどに人気がなく、早くも不穏な動きが出ている。

例えば、2022年9月12日にイギリス議会で、新しい国王に忠誠を誓う儀式が行われたのだが、上下両院の議員たちは、本来であれば「キング・チャールズ3世（King Charles III）」と呼ぶべきところを「キング・チャールズ（King Charles）」と呼んで、「3世」という言葉を抜いて宣誓を行った。これでは1649年にイングランド内戦に敗れて処刑されたイングランド国王チャールズ1世に忠誠を誓ったことになる。それを公式の場で、しかも大勢が「うっかり言い間違えた」というのは考えにくい。わざと口にしたのだ。それはイギリス議会がチャールズ国王を早くも退位させようと願っているからに他ならない。

すでに皇太子のウィリアムをウィリアム5世という名前で国王にしようという動きも出ているらしい。ウィリアム1世は1066年のヘースティングの戦いで勝利を収め、イングランドを征服してイギリス国王となり、現在のイギリス国家の礎を築いたことで有名だ。この継承者として現在のウィリアム皇太子をウィリアム5世に押し上げようというのだ。

その一方で、そのヘースティングの戦いで敗れたイングランド王ハロルド2世も人気があり、ウィリアム1世に征服される前のイングランドに戻そうということで、現在のウィリアム皇太子の弟のヘンリーをハロルド王に見立てて、次の国王にしょうという動きもあるという。しかし、ヘンリーは現在、王室メンバーから外されていることもあって、よほどのことがないかぎり、国王になることはないだろう。

実はヘンリーの父親はチャールズではないという話もある。母親であるダイアナ妃はチャールズと離婚した後、パパラッチに追いかけ回された末に交通事故で不慮の死を遂げたが、ヘンリーの本当の父親は、ダイアナ妃の乗馬インストラクターを務めていたジェームズ・ヒューイットだといわれている。確かに写真で確認するかぎり、2人の顔はよく似ている。

ヘンリーを国王にしようという動きは、チャールズ国王の血が流れていないからというのが理由の一つのようで、それほどまでにチャールズ国王は国民から嫌われているのだ。それはまた、エリザベス女王からチャールズに国王の座が移っても、果たしてハザールマフィアと決別できるのかどうかという不安を王室内部の良識派が抱えているからだ。

ちなみに、チャールズ国王がダイアナ妃殺害の容疑で逮捕されるだろうという情報もあるが、このことに関しては説明すると長くなるので別の機会に述べたいと思う。

ヨーロッパ各国で吹き荒れる変革の嵐

フランスでも危機的状況が続いている。

エマニュエル・マクロン大統領が２０２２年４月の大統領選挙で再選を果たしたが、これは明らかに不正選挙によるものだった。

その後の議会選挙でも、自らが率いる与党連合が過半数を獲得できず、少数派の内閣を発足せざるをえない状況に追い込まれている。フランスで議会少数派の内閣が発足するのは、実に34年ぶりのことだ。

マクロンはロスチャイルド系の銀行で高級幹部だった経歴からも分かるとおり、ハザールマフィア側の人間であり、２０１７年の大統領選挙で39歳の若さで当選できたのも、ハザールマフィアの代理人として大統領に押し上げられたからに他ならない。

しかし、2018年11月から断続的に行われてきたマクロン政権に対する抗議デモ「黄色いベスト運動」に象徴されるように、現在もエネルギー危機や物価高に対する抗議デモは激しさを増しており、いつ政権が転覆するか分からないような状態が続いている。

フランスは国内だけでなく、海外でも苦境に陥っている。フランスはこれまで、アフリカ西部、マリにある金鉱山の利権を独占してきた。ところがマリ政府は、ロシアに金鉱山の利益の大半を持ち去ってしまうフランスを追い出してくれと依頼した。その後、ロシアの民間軍事会社がフランス軍を撤退させると、フランスはマリの金鉱山の利権を失ってしまう。これはフランスにとって大きな痛手だった。

イタリアでは2022年7月21日にマリオ・ドラギ首相が辞任した。ドラギはゴールドマンサックス出身で、ECB（欧州中央銀行）の総裁も務めたほどのハザールマフィア側の大物幹部だった。その彼の政権が崩壊したということは、ヨーロッパにおけるハザールマフィアの影響力が著しく低下している証拠である。

しかも、極右政党「イタリアの同胞」を率いて総選挙で勝利し、10月22日に次の首相に就任したジョルジャ・メローニは、ハザールマフィアの御用機関であるEUに対して露骨に敵対的な態度を示している。それこそ、EUの幹部にそのことをいさめられた彼女は、「主権国家に対する容認できない内政干渉だ」と言い放ち、激しくやり合ってみせたほどだ。

このようにヨーロッパにおけるハザールマフィアの権力基盤は大きく揺らいでいる。オランダでも大規模な反政府デモが起き、スーパーマーケットの食品流通センターが封鎖される事態に発展した。

ロシアからのガス供給の問題も、ヨーロッパの国々に大きな影響を与えている。特にロシアからの天然ガスに依存するドイツは、冬場を乗り越えられるかどうか不安が高まっており、実際に大規模な反政府デモが起きている。今後も市民による暴動が起きることを想定して、新たに軍の治安部隊を結成すると政府が発表したほどだ。

こうした現状を見るかぎり、今後ヨーロッパの国々は「反ロシア政策」を掲げた場合、ロシアからの天然ガスを入手できなくなるため、政権を維持することが難しくなっていくだろう。イタリアでは総選挙でメローニが勝利したとたん、ロシアからイタリアへのガス供給が再開されている。ドイツやフランスも早く手を打たないと、冬が終わる前に革命に突入することになるかもしれない。

そう思われた矢先の2022年11月4日、ドイツのオラフ・ショルツ首相が中国を訪れ、習近平国家主席と首脳会談を行った。このとき、ショルツは中国側にBRICSへの加入の意思を伝えたという。しかも報道のとおりならば、今回の会談でドイツと中国は「新たな安全保障の構築ついて互いに協力する」と明確な合意にも達した。これにより、ドイツがNATOやアメリカから実質的に離れるつもりであることが明らかになった。ドイツが離脱すれば、間違いなくNATOは空中分解するだろう。

ロシア当局の情報筋によると、ドイツがBRICSに加入しようとしているのは、自国の経済と産業を守るためと、国民が冬を越すのに必要なエネルギーを手に入れるためだという。ヨーロッパの主要国は確実にハザールマフィアの影響から逃れようとしているのだ。

国際社会から孤立するアメリカ

ハザールマフィアの最重要拠点であるアメリカはどうだろうか。

本来ならばヨーロッパ諸国を主導し、手を差し伸べるべき存在がアメリカである。しかし現在のバイデン政権は、「国際社会からの孤立」と「国内経済の悪化」により崩壊寸前に追い込まれている。「国内経済の悪化」についての詳細は次の第5章に回すとして、ここではアメリカがいかに「国際社会から孤立」しているのかを述べていく。

例えばバイデン大統領は、日本やオーストラリア、インドを抱き込んで「クアッド（QUAD）」と呼ばれる「日米豪印戦略対話」を強化して、中国包囲網を構築しようと画策している。

しかし、そんなアメリカに従順なのは日本とオーストラリアだけで、インドにはいいように扱われているだけである。

そもそもインドは、反ハザールマフィアである「ＢＲＩＣＳ」と「上海協力機構」に参加していることは先に述べたとおりであり、アメリカの言うとおりに反中国、反ロシアに両手を挙げて参加することはない。それどころかインドは、２０２２年9月に行われた極東地域での大規模な合同軍事演習に中国やロシアとともに参加した。インドは自国の利益のためにアメリカや中国、ロシアとの間で巧妙に立ち回っているだけなのだ。

さらにバイデンは自らが呼びかけて、日本など14カ国が参加する「インド太平洋経済枠組み（ＩｐＥＦ）」という新経済圏構想を立ち上げた。しかし、その具体的な内容はほとんど皆無といっていいもので、世界の失笑を買っただけだった。

２０２２年6月に開催されたアメリカ主催の「米州首脳会議（北米と中南米諸国の首脳会談）」でも、バイデン政権がキューバやベネズエラ、ニカラグアを独断で排除したことに反発して、メキシコやグアテマラ、ホンジュラス、ウルグアイ、ボリビア、エルサルバドルなどの首脳が会議をボイコットした。参加した各国首脳らもバイデンに対して厳しい苦言や批判を呈しており、バイデン政権はアメリカが長年「裏庭」と呼んでいた中南米諸国からも見切りを付けられている状態だ。

２０２２年7月、バイデンは中東を歴訪した。しかし、これまでのように武器を買ってもらうことも、石油を売ってもらうことも取り付けられず、結局、予定を切り上げて早々とアメリカに帰っただけだった。

身内であるはずのアメリカ政府高官や軍部も、バイデンをすでに見放しているようだ。バイデンが中国に対して「台湾有事が発生したら軍事介入する」などと不用意な発言をするたび、政府高官がその火消しに追われているのだ。２０２２年6月10日に行われた中国国防相との会談でも、アメリカ国防長官のロイド・オースティンが「アメリカはこれまでどおり、『一つの中国』という長期的なスタンスを維持している」と述べ、失言を繰り返すバイデンを戒めるように弁明していたのは非常に印象的だった。

その中国にしても、２０２２年11月にインドネシアのバリ島で開かれた「G20サミット（20カ国・地域首脳会議）」について、習近平国家主席がバイデンと対面で首脳会談を行うことを10月の段階で早くも公に拒否してみせた。中国政府がアメリカ当局に向けた発言で、「習近平とバイデンの会談から良い結果が導き出されるとは考えにくい」と述べたのだ。

それにも関わらずバイデン政権は、水面下で中国当局に対して体面での首脳会談を行えるようにすり寄り、なんとか会談を実現できた。結局、バイデン政権は、中国に足元を見られて右往左往する醜態を世界にさらすことになった。

トルコが企む「オスマン帝国の復活」

このようにバイデン政権が国際社会で孤立を深めているのは、その後ろ盾となるハザールマフィアの力が弱まっているからに他ならない。そもそもアメリカは、すでに国家として倒産している状態であり、基軸通貨としてのドルの価値もなくなったことで経済大国の威信もなく、世界に派遣していたアメリカ軍を維持していくことも難しい状態だ。実際に2021年8月に行ったアフガニスタンからのアメリカ軍の撤退をはじめ、中東などからも次々と撤退させている。そのようなアメリカを誰が恐れるだろうか。

EUには未加盟ながら、NATOに加盟しているトルコなどは、バイデン政権が国際社会から孤立しているのを見るや、さっそくシリアに駐留するアメリカ軍が支援するクルド人部隊への攻撃を開始した。さらに、同じNATOの一員ながらも対立関係にあるギリシャに対しても、武力をチラつかせるなどして、圧力を急激に強めている。

トルコがそうした動きを活発化させている理由は、「アジアに軸足を移すために中近東から撤退したアメリカ軍にはトルコ軍と全面戦争をする余裕はない」と見ているからだ。その隙にトルコは、かつてオスマン帝国の統治していた領土を奪い返そうと「オスマン帝国の復活」に向けて動き出しているのだ。さらに、トルコが上海協力機構への正式加盟を希望していることも、すでに述べたとおりだ。

こうして見ていくと、現在、アメリカの言いなりになっているのは、アメリカ軍に事実上、占領されている日本と韓国だけといっていいだろう。

とはいえ、ここで気を付けなければならないのは、バイデン政権の孤立が深まれば深まるほど、ハザールマフィアが全面核戦争に向けた工作を激化させる危険性が高まることだ。

すでにアメリカは国家として倒産しており、毎年1月31日と9月30日の債務返済期日に合わせて何とかごまかそうとしてきた。ロシアとドイツを結ぶ天然ガスのパイプライン「ノルドストリーム」の爆発が2022年9月26日と29日に起きたことを見ても、返済期日をうやむやにするためにハザールマフィアが画策した可能性もある。それどころか、全面核戦争の呼び水にしようという思惑もあったと推測できる。このような全面核戦争を勃発させるような謀略が、いつ起きるか分からないのだ。そのことも私たちは胆に銘じておく必要がある。

習近平に浮上した「死亡説」と「失脚説」

西側諸国だけでなく、アジアや他の地域でも不穏な動きが起きている。

2022年7月8日に起きた安倍晋三元首相の銃撃事件は、その最たる例だが、これに関しては第6章で詳しく述べるとする。問題は中国だ。反ハザールマフィア勢力の筆頭のように見られている中国だが、ここにきて政変の予兆ともいえる動きが数多く見受けられるようになった。

中国共産党の総書記を務め、中国の国家主席である習近平に「死亡説」や「失脚説」が流れたことがあった。

というのも、2020年1月に武漢で新型コロナウイルスのパンデミックが起きて以来、習近平は公の場所に出ることが少なくなり、それこそ姿を現しても感染予防のマスクを着けており、顔が似ているが本当は弟の周遠平ではないのかという影武者説が流布されたほどだった。第3章でも説明したが、武漢で起きたパンデミックはハザールマフィアによる5G攻撃が原因だったが、このときに習近平も殺されていたというのだ。

確かに、武漢でパンデミックが起きた2020年1月から2022年半ばごろまでの約2年間、習近平は世界の首脳陣と直線顔を合わせていない。それは新型コロナウイルスの感染を防ぐためだとはいえ、何とも不自然だった。2022年9月15日にウズベキスタンで開催された上海協力機構の首脳会議に出席し、約2年ぶりに公の場に姿を見せたものの、ロシアのプーチン大統領やインドのナレンドラ・モディ首相といった首脳たちが出席した首脳会議後の夕食会には顔を出さず、そのまま中国に帰ってしまった。中国政府によると感染予防のためだというが、自分だけがさっさと帰ってしまうのは他の首脳たちに対して非常に失礼な行為であり、本来なら許されるべきことではない。

しかも、中国に帰った習近平がそのまま中国当局によって拘束され、自宅に軟禁されたという情報も流れた。というのも、習近平がウズベキスタンから帰国した直後の9月22日に、全長80キロにも及ぶ軍用車の車列が北京に向かっている様子が目撃されたからだ。あたかも軍事行動のような不穏な光景に、何かしらの「政変」が起きたのではないかと噂された。

2022年9月21日に開かれた中国軍の国防と軍事の改革に関する会議においても、中国国営テレビは「習金平国家主席が会議の場で演説をし、重要な指示を出した」などと報じていたが、実際の映像には政治局の軍事担当者2人は登場するものの、そこに習近平の姿は確認できなかった。さらには、その軍事担当者のスピーチの中で習近平の名前が一度も発せられなかった。そのような場で習近平への忠誠心が示されないのは極めて異例のことだ。

その上、その会場には9月8日に習近平に更迭されたはずの北部戦区司令官、李橋銘《りきょうめい》が最前列の席に座っていた。その北部戦区については一部報道で、「9月8日午前2時ごろ、北部戦区の軍用飛行場で激しい銃声や爆発音、戦闘機の音が鳴り響いた」という情報も届いている。

その他にも、2022年9月21日に中国全土で航空便の約60％がキャンセルされたことも、さまざまな憶測を呼んだ。これについては今も航空会社からの公式な説明はない。

このような一連の不穏な動きを受けて、習近平の「失脚説」が流布するようになった。

その一方、習主席に敵対していたとされる警察や司法部門の元幹部らが、汚職などの罪で相次いで有罪判決を言い渡されたという報道も流されていた。

習近平が本当に自宅で軟禁されていたかどうかは別にして、2022年10月16日に開幕する中国共産党大会を前に、党の内外では熾烈な権力闘争が行われていたようだ。

習近平を追放するクーデターが発生？

2022年10月16日から開催された中国共産党大会に習近平がその姿を現わした。これは本人に間違いないことが情報筋からも確認されている。これで習近平の「死亡説」や「失脚説」が否定されたように思われた。

しかも、10月23日に開催された中央委員会の全体会議において、習近平をトップとする新たな最高指導部が発足し、中国建国の父といわれる毛沢東以来となる異例の3期目がスタートした。これまで2期10年とした国家主席の任期を2018年の時点ですでに撤廃しており、今回の決定で習近平への権力の集中が強化され、盤石な地位が確立したと思われた。

ところが、習近平は単なる飾りであり、実は集団体制に移行したのだという情報が入ってきている。

また、習近平がウズベキスタンから帰国して10月16日の党大会に姿を現すまでの約1カ月の間に、中国上層部で激しい権力闘争が行われたことは事実であり、習近平勢力を追い出すクーデターが発生したという情報もある。結果的に1000人ほどの関係者とその家族が3世代にわたって殺されたという。

党大会の最終日の休憩時間に、胡錦濤《こきんとう》前国家主席が途中退場するという騒動が起きてさまざまな憶測が飛び交ったが、これもそのクーデターのしこりであり、関与の疑いがある胡錦濤が現執行部の怒りを買った結果だったという。しかし、このクーデターに関しては、現時点では情報が錯綜している状態である。1000人ほどの関係者やその家族が殺されたのは、ハザールマフィア勢力から賄賂を受け取っていたからだという情報もある。

とはいえ現在のところ、有力な関係筋の話では、習近平は「中国の象徴」として存在し続けることだけは確かなようだ。

そもそも、中国共産党はハザールマフィアがつくったものだった。意外に思われるかもしれないが、1921年7月に毛沢東たち13人が上海で第1回の党大会を開いたのが、中国共産党の始まりとされている。これを主導したのが、ハザールマフィアの傘下にあった「コミンテルン」という共産主義を世界各国に広めようとしていた組織だった。このコミンテルンは、ソ連の共産党員が中心となっていたが、実質的にはロスチャイルド一族のフランス分家による支配下にあった。1949年に毛沢東を国家主席とする現在の中国が建国できたのも、このフランス分家とソ連の後押しがあったからに他ならない。それどころか、毛沢東はハザールマフィアの工作員だったとされている。

しかし、その後、激しい権力闘争が繰り広げられ、最終的に1976年に毛沢東が死去したことで、ハザールマフィアの影響から脱することができたように見えた。ところが習近平が実権を握り、それまで2期10年と決められていた国家主席の任期を廃止したあたりから、ハザールマフィアの影のようなものが見え隠れしてきた。

その最たるものが、中国における新型コロナウイルスへの対処だった。2020年1月に起きた武漢のパンデミックでは、ハザールマフィアの5G攻撃によって大量の市民が殺された。しかし、中国政府はこの事実を隠蔽しただけでなく、逆に新型コロナウイルスの恐怖をあおって、これを理由に国民をいっそう管理下に置こうとした。それこそ、新型コロナウイルスの感染ゼロを目指す「ゼロコロナ政策」と称して度重なるロックダウンを実施し、これに違反する市民を逮捕し、拘束さえしたのだ。

それだけではない。中国全土に監視網を張り巡らし、携帯カメラや街の防犯カメラ、人工衛星などを駆使して顔を認識すると、膨大なデータバンクからその人物の氏名や年齢、血液型、住所、職業、家族構成、学歴、病歴、犯罪歴などの詳細情報を瞬時に抽出できるAIの監視システムを導入した。しかも、それには「AIが人々を点数化する」という機能まで付いている。

アジア結社の情報筋によると、その目的の一つは「選民」だという。世界が破滅するような事態に直面したとき、すぐさま見捨てていい人間と助けるべき人間を効率的に選ぶためだというのだ。それはまるで何かのインサイダー情報でも持っていて、「人類の大量削減」が行われることを予測しているかのようである。

これは明らかに、ゼロコロナ政策におけるパンデミック規制を口実にした「完全独裁主義の人間牧場」の建設を急いでいるということだ。これこそは、「人類の9割を抹殺し、生き残った人間を自分たちの奴隷にする」というハザールマフィアの悪魔的な思想そのものだ。

さらに中国政府は、国民にPCR検査を強要してきたが、このPCR検査用のキットを作っている工場はまるでタコ部屋のような汚さで、ここで作られている検査キットの信憑性が疑われる状態だった。それなのに、このPCR検査キットの製造に多額の国家予算が注ぎ込まれているのは、利権以外の何ものでもない。それこそ製造コストが10円のものを1万円で国に売ることで、巨額な利益が発生する。ワクチンやマスクなどでも同様なことが行われており、これではまるで詐欺であり、マネーロンダリングだといわれても仕方がない。

このような状況を見ていくと、習近平政権はハザールマフィアに乗っ取られているか、またはハザールマフィアに管理されているのではないかと疑いたくなる。

末期症状の中国経済と不動産バブルの崩壊

しかし、中国国民にも我慢の限界があるようだ。今回の行き過ぎたパンデミック規制を機に、政府への鬱憤が爆発した。例えば2022年7月6日に、北京市が新型コロナウイルスのワクチン接種義務化を打ち出したが、市民からの猛反対を受けて、その方針が48時間以内に撤回された。

さらに河南省では、銀行のスキャンダルによって口座を凍結された預金者たちが、銀行に乗り込む騒動も起こった。しかも、この問題が起きてからの政府側の対応は、新型コロナウイルス向けの対策アプリを不正に操作し、スマホに表示される健康状態を「要隔離」に改ざんして、預金者を銀行に近づかせないというものだった。市民の怒りはいっそう爆発し、最終的には政府が市内に戦車を投入する事態にまで発展した。

中国の不動産問題も表面化している。現在、中国人の個人資産の7割以上が不動産だといわれているが、それは不動産を購入して自分が住むのでなく、投機目的がほとんどだった。

確かに不動産の価格が順調に上昇している間は良かったが、過熱した投機により不動産バブルが発生してしまう。さらに、過剰なパンデミック規制で経済活動が大きく制限された影響で、多くの中小企業がつぶれ、大企業も軒並み経営難に陥った。その結果、不動産事業に振り分けられる銀行からの資金や投資されるお金が減り、多くのマンション建設などのプロジェクトが中止に追い込まれてしまった。

そのために、中国全土の数百にのぼる建設プロジェクトで住宅ローンの支払いをボイコットする住宅購入者が急増し、さらには建設会社やプロジェクトを企画した事業者たちも銀行への支払いを滞らせてしまい、金融システムそのものが崩壊寸前に陥った。

そもそも、個人資産の7割以上を不動産が占めること自体が異常だが、その不動産バブルが崩壊しつつある現在、中国は構造的な問題にぶち当たってもがき苦しんでいるのだ。

このような中国経済の危機に対して、習近平政権がどういう対策を取るのか。2022年10月の中国共産党大会は、そういった意味でも注目されたのだが、そこで発表されたのは、「下からの民主主義」や「環境の調和」、「教育の改善」というような100年後を見通した長期計画だった。このような具体性に欠く方針を見ても、習近平が現在の国内情勢に対する緊張感がないことが分かる。見方を変えれば、習近平には喫緊の課題を解決するための権限がすでになくなっており、「中国の象徴」としての存在しか期待されていないともいえる。

やはり、中国は集団指導体制に移行している可能性がある。もちろん今のところは情報が錯綜しているので、はっきりとは断定できない。今後の中国の出方を見極めたいと思う。

ローマ帝国と同じ末路を歩む西側諸国

こうして現在の世界情勢を見てつくづく思うことは、アメリカを中心とする西側諸国は、古代ローマ帝国の崩壊と同じ道をたどっているということだ。ローマ帝国は軍事力で地中海の国々を制覇し、その後は支配した国々にさまざまな物資を貢がせ、自分たちは放蕩《ほうとう》のかぎりを尽くしていた。その結果、ローマ国内では産業の空洞化と貧富の格差が発生し、徐々に経済基盤が弱体化していった。そしてローマ帝国は最大の武器であった軍事力を維持できなくなり、ついには崩壊した。

現代の西側諸国も世界の国々から物資を奪うだけ奪って、長年その代金を支払ってこなかった。しかも、異議を唱える国に対しては軒並み軍事力で制圧してきた。ところが現在は、ロシアや中国などの国々が西側諸国の軍事力では太刀打ちできないほど強くなってきている。ローマ帝国が崩壊したように、西側諸国の命運はすでに尽きているのかもしれない。例えば、国連は本来ならば世界の対立を仲介するための組織だが、現在ではまったくといっていいほど機能していない。そのことは、ロシアのウクライナ侵攻に対する国連の体たらくを見れば明らかである。

国連を主導する安全保障理事会の五つ常任理事国にしても、中国以外は白人主体の欧米国家だ。これを見ただけでも、国連の現体制が全人類を公平・平等に代表する組織になっていないのが分かる。アフリカやインド、日本を含む東アジア、中近東、中南米などの国々には権限がなく、まったく意見が吸い上げられていないのだ。

そもそも国連は、第2次世界大戦後に戦勝した連合国を中心に作られた国際秩序である。これを現状にあわせて新しく再編成することが、混乱した国際情勢を立て直す第一歩だろう。実際に、世界の最高峰に位置している権力者たちの間では、すでに水面下で交渉が進められている。国連の改革案の一つには、以下のような提案もなされている。

まず現在の国連安保理事会を解体し、世界を「アフリカ」、「インド」、「中国」、「中国を除く東アジア（オーストラリアを含む）」、「ヨーロッパ（ロシアを含む）」、「南米＋北米」、「イスラム圏」のブロックに分けて、この七つの地域の代表で新たな国連安保理事会をつくる。そして、海や大気の問題などの国を越えて対策すべき案件はここで話し合われ、その7地域の代表の過半数で世界全体の方向性を決定し、拒否権が発動されるのは、それぞれの地域内に限定されることにする。

例えば、新たな国連安保理事会で「ガソリン車の廃止」が可決されれば、もちろん産油国が多いイスラム圏はそれに反対して拒否権を発動する。そうすると他の六つの地域は「ガソリン車の廃止」の方向で動くが、イスラム圏では状況に応じてガソリン車が従来どおり使用できるというわけだ。この提案に対しては、イギリス王室やロシア政府、その他、アジアの王族のグループなどが支持していると聞いている。

しかし何度も言うようだが、弱体化しているとはいえども、ハザールマフィアはそう簡単に退場してくれない。彼らが支配しているアメリカやイギリス、さらにカナダ、オーストラリア、ニュージーランドといったアングロサクソン圏の国々が世界の海洋を現在においても支配している。ハザールマフィアがその気になれば、すべての海域で物流を止めることも可能だろう。そうなれば世界経済がストップして、大混乱に陥ることになる。

そして何よりも、ハザールマフィアと反ハザールマフィア両陣営が全面戦争に踏み切れば、確実に地球が滅びてしまうだろう。最終的には、両陣営が互いに協力をして新しい世界の枠組みを構築するしか、着地点はないのだ。

第5章

アメリカの経済危機と迫る国家破産

混迷を深める「バイデン劇場」

アメリカを脅かす「ハイパーインフレ」の予兆

前章でアメリカがいかに「国際社会から孤立」しているかを説明したが、本章では経済を中心に、アメリカの内情がどれほど悪化しているのかを説明したい。

まずはアメリカの経済状況だが、結論から言えば、単なるインフレという段階を越えて、すでにハイパーインフレの予兆があるほどの状況だ。そのためにエネルギーの他、食料品や日用雑貨などあらゆる生活必需品の価格が高騰し、アメリカ国民の不満やいらだちは、いつ革命が起きてもおかしくない水準にまで達しているほどだ。

私たち消費者が購入するモノやサービスなどの物価の動きを把握するための統計指標に、消費者物価指数（ＣＰＩ）というものがある。アメリカ労働省が発表しているこの指数を見ても、２０２１年から上昇に転じ、２０２２年10月現在で２０２２年３月から連続して前年の同じ月に比べて約８％を超えている。

中でも食品の価格はおよそ43年ぶりの高い水準になっており、食料品やエネルギーをのぞいた物価指数でも２０２２年10月には約６・６％も上昇し、その上げ幅は１９８２年８月以来、およそ40年ぶりの高水準となっている。まさに記録的なインフレが続いているのだ。

それこそ卵を買おうとしても、その値段が1年前と比べて100％以上も値上がりしているのだから、庶民からすればたまったものではない。ガソリン価格も1年前に比べて約60％も上昇しており、車社会であるアメリカの家計を直撃している。

実際にこれまでと同じ生活水準を維持しようとすると、年間で1世帯当たり平均1万1500ドル（約165万円）も支出が増えるという試算もあるほどだ。

そのために、毎月の給料では家族を養えない労働者が激増しており、食事にも困る人たちに無料で食料を支援するアメリカ各地のフードバンクは現在、パンク状態になっているという報告もある。さらに光熱費を滞納している世帯も、過去最高を記録している。電気料金が去年と比べて約50％も跳ね上がっており、光熱費を払えない大きな要因となっている。

アメリカを直撃する深刻な石油不足

電気料金が値上がりしているのは、エネルギー価格が高騰しているからだが、その原因は石油や天然ガスなどの燃料不足にある。

これに対処するためジョー・バイデン大統領は、国内の戦略石油備蓄の大規模な放出を指示した。戦略石油備蓄とは、政府が深刻な石油不足が発生したときに備えてあらかじめ石油を備蓄しておき、情勢にあわせて石油を放出するものだ。石油不足を補うことで、石油価格の急激な上昇を抑える狙いもある。

バイデン政権は、2022年2月25日から5月20日の3カ月弱で総備蓄量の1割にのぼる5000万バレルを放出した。ところが、5月23日にはガソリン小売価格が下がるどころか、過去最高価格を更新してしまった。

さらにバイデン政権は、1日約100万バレルを放出するという前例のない勢いで戦略石油備蓄を取り崩し、備蓄量が35年ぶりの低水準となる5億1900万バレルにまで減少する。それでも、アメリカの国内の石油不足は解消されなかった。ガソリンの在庫データを見ても、価格高騰や燃料節約の呼びかけなどによってガソリン需要そのものが減っているにもかかわらず、2022年9月にはガソリンの在庫が470万バレルも減少し、2014年11月以来の最低水準にまで落ち込んだ。需要が減れば在庫に余裕が出るのが普通なのだが、現実はそうなっていない。

さらにバイデン政権は、戦略石油備蓄から1000万バレルの追加放出を9月19日に決定した。これで放出した量は約1億6500万バレルに達する。このままのペースで大量の放出を続けていけば、冬の終わる前に石油備蓄は枯渇してしまう。

すでに7月の段階で、アメリカの石油生産の中心地であるテキサス州では、電力不足のために節電要請が大々的に実施され、現地企業の工場運営や生産にも大きな影響を与えた。

バイデン政権は2022年夏に起きた電力不足の原因を、発電所や送電線などのインフラ設備の老朽化や、異常気象による猛暑によってクーラーなどの電力需要が上昇したためと苦しまぎれな弁明をした。しかし電力不足の最大の原因は、石油や天然ガスなどのエネルギー資源が不足しているからであることは言うまでもない。

バイデン政権がこのまま戦略石油備蓄を放出し続けても石油不足が解消しなければ、これから冬を迎えるにあたってアメリカ全土で大規模な停電が発生する可能性が高まる。

さらにディーゼル燃料である軽油も、2022年10月末時点で25日分の在庫しかないとアメリカ政府が発表した。ディーゼル燃料がなくなれば、それを燃料としているトラックは走れなくなり、物流は止まる。そうなれば、一般市民は生活ができなくなる。物資の輸送の他、ディーゼル燃料は農業や建築、鉄道、軍用の車両や設備の原動力などにも広く使われている。これがなくなれば、アメリカ国内は大混乱となるだろう。

産油国がアメリカとの原油取引を拒絶

そもそも、アメリカが深刻な石油不足に襲われているのは、ロシアのウクライナ侵攻に対する経済制裁が原因の一つだ。世界第2位の原油輸出国であるロシアからの原油の輸出が止まったことで、西側諸国への原油の供給が不足し、価格を押し上げることになった。

本来ならば、ロシアからの原油輸出が減少した分を他の産油国が増産するという形で補うはずだった。しかし、中東の産油国で結成されているOPEC（石油輸出国機構）と非OPEC主要産油国で構成される「OPECプラス」が、2022年10月に日量200万バレルの大幅な減産をアメリカの猛反対を無視した形で決定した。このこともガソリン価格を含めた原油価格を押し上げることになった。

しかしながら、アメリカは世界第1位の原油産出国である。それならば、アメリカは原油を輸入する必要がないのではと思うかもしれないが、アメリカは原油の輸入においても世界第2位となっている。なぜこのようなことが起きているかというと、アメリカ国内で原油を汲み上げるよりも、他の国の原油を輸入した方がコストが安いという現実があるからだ。そのためにアメリカが原油を増産すればするほど、コスト高となって、かえって原油価格が上昇してしまう。アメリカは完全なジレンマに立たされているのだ。

しかも、アメリカは海外からの原油を購入しようとしても、産油国から相手にされていないという現実がある。それはアメリカの通貨であるドルの価値が崩壊しているからだ。第2章で詳しく説明したが、いわば「無から創造した何ら裏付けを持たない貨幣」となったドルに対する信頼は、もはや消滅している。そのために西側諸国以外の多くの国では、ドルやアメリカ国債での貿易取引を拒むようになった。このようにしてアメリカは、原油や天然ガスを以前のように海外から購入できなくなってしまったのだ。

ガソリンの在庫データが減り続けていることを先に述べたが、これもアメリカが海外から原油を補給できないからに他ならない。アメリカの大手マスコミは、このような現実からアメリカ国民の目をごまかすために、原油価格が上昇しているのはロシアからの原油輸出の減少が原因だと盛んに報じ、すべてロシアのせいにしようとしている。しかし実際は、ＯＰＥＣや他の産油国がアメリカとの原油取引を拒んでいるためだ。

これは原油にかぎったことではない。小麦などの食料や鉄鉱石、レアメタルなどの他の戦略資源についても同様なことが起こっている。そのために食料品や日用雑貨などあらゆる生活必需品の価格が高騰している。

実際に２０２２年10月現在、海外からのアメリカに対する物流が止まっている。本来なら例年10月に入るとクリスマス商戦を狙って大量のモノがアメリカに入って来るはずなのだが、モノが輸入できないために港の機能が停止し、荷下ろしが行われていないような状態になっている。

それは太平洋を横断する貨物船の運賃を見ても分かる。２０２２年10月の運賃が年初に比べて約73％も下落した。それは貨物船で運ぶものが少ないために、運賃を下げるしかなく、そうしないと貨物船をいっぱいにすることができないからだ。それこそ何も運ぶものがないので、貨物船の輸送自体が多数キャンセルされているという報告もあるほどだ。

アメリカの外交はもはや世界に通用しない

もちろん、バイデン大統領はこのような状況を前にしてただ黙っていたわけではない。戦略石油備蓄を前例のないほど大量に放出しているのも、なんとか石油不足を解消しようとしているからである。それに加えて、中近東の産油国に対しても原油を売ってもらえるように、それこそ涙ぐましいほどの努力をしてきた。

例えば、バイデンは2022年7月13日から16日の日程でイスラエルとサウジアラビアを訪問したが、これを実現させるにあたっては、実は事前にサウジアラビア側から何度か面会を拒否されていた。それにもかかわらず、バイデンはなんとかサウジアラビア訪問を実現させ、原油を増産してもらえるように確約を取ろうとしたのだ。

しかし結果的に、このサウジアラビアの訪問は失敗に終わった。原油増産の確約を取れなかったばかりでなく、面会した相手がムハンマド・ビン・サルマン皇太子だったことで、かえって批判を浴びることになった。

２０１８年10月、トルコのサウジアラビア総領事館でサウジアラビア人記者が殺害された事件が起きた。殺害を指示したのはサルマン皇太子だとして、バイデンは大統領選挙中から批判していた。しかし、今回の訪問ではあからさまな批判を避け、サウジアラビアとの宥和《ゆうわ》を優先させた。そのことに対して、人権を重視するアメリカ議会の民主党内から批判の声が上がった。バイデンからすれば、自分の意志を曲げてでも原油増産の確約を得たかったのだが、なんともやりきれない思いだったろう。

そもそも、これまでどおりのアメリカの外交では、もはや世界に通用しなくなっている。アメリカが国際的に孤立していることは第４章でも述べたとおりだが、バイデンはサウジアラビアを訪問した際も、従来どおりに石油をもらう代わりに大量の武器を渡し、アラブ諸国の安全保障に関与しようとした。安全保障というのは、早い話、アメリカが用心棒を買って出るということだ。しかし、この思惑も失敗に終わっている。

今回のサウジアラビア訪問について、サウジアラビアの駐米大使リーマ・ビント・バンダル・アル＝サウドは、「石油を安全保障と交換する構図は、還元主義で時代遅れだ」と言い放っている。また、アラブ首長国連邦やヨルダンの政府も、「イランを仮想敵国として武器を売り込もうとするアメリカの営業には興味はない」と公言している。

特に現在、サウジアラビア政府は、石油を輸出して稼いだ資金で大量の武器を手当たり次第に買い漁るより、持続可能な経済の構築に使いたいと考えている。これは、これまで石油に依存してきた経済構造を根本から変えようとする試みであり、他のアラブ諸国もほぼ同じ方針をとっている。これまで武器を売ってきたアメリカとその背後にいるハザールマフィアが、アラブ諸国が求めるような武器以外の何かを提供しようと思っても、そのような転換を図るためには時間がかかる。それにドル自体に価値がなくなっており、ドルを基軸通貨とするビジネスには、そもそもアラブ諸国は興味を失っている。

サウジアラビア政府がアメリカ製の武器の購入に乗り気でないことが分かると、アメリカ議会は面子を守るために軍事費の予算案に「サウジアラビアへの武器販売を制限する」との条項を急いで追加した。建前上「アメリカ製の武器を買ってもらえないのではなく、我々が売らないのだ」という体裁を繕ったのだ。

株価暴落！ アメリカの金融システムは崩壊寸前

アメリカは金融市場においても混乱を呈している。2022年1月から6月における株式市場の下落率は、過去60年で最悪を記録した。また、仮想通貨の暴落も史上最悪を記録している。2022年11月11日には、仮想通貨の交換業大手である「FTXトレーディング」が経営破綻したことが発表され、その負債額は最大で約500億ドルになる見通しだ。要するに金融市場全体が、アメリカ金融システムの完全崩壊を予兆しているのだ。

金融市場関係者たちも、アメリカ経済が危機的な状態にあることをすでに認識している。ここ最近、「アメリカ国債の利回りが中国のジャンク債の利回りを上回る」という異常な現象が起きているのもそのためだ。

ジャンク債とはデフォルト（債務不履行）のリスクが高い分、利回りが高くなるハイリスク・ハイリターンの金融商品のことだが、中国のジャンク債よりアメリカ国債の利回りの方が高くなっているのは、中国のジャンク債よりもアメリカ国債の方がデフォルトするリスクが高いと評価されているということだ。

そもそも中国の経済状況は、不動産バブルの崩壊で混乱状態にある。その中国で最も格付けが低い企業の社債よりも、アメリカ国債の方がリスクは高いと金融市場では評価されているのだ。これまでの金融市場からすれば、異常な状況であり、アメリカにとっては屈辱的なことである。なぜなら、かつてアメリカ国債は世界で最も安全な投資先とされてきたからだ。

さらに、アメリカの金融システムが危機的状況に陥っている現実は、アメリカ政府の債務残高を見れば分かる。

2022年2月1日にアメリカ財務省が公表したデータによると、政府の債務残高が30兆ドルに達したことが明らかになった。債務額は2021年度の名目GDPの約1・3倍、アメリカの1世帯当たり23万ドル、1人当たり9万ドルに相当すると試算された。しかし、これは表向きであり、FRB（アメリカ連邦準備理事会）セントルイス支部の試算によると実際の債務残高は200兆ドルを超えており、日本円にすれば、「兆」の上の単位「京」を使った2京8000兆円という天文学的な額になる。これは年収が2000万円の人が2000万円もの借金をしているようなもので、どんなにアメリカ国民が一生懸命に働いてお金を稼いでも借金の返済は不可能なレベルであり、通常の会社ならとっくに倒産している状態だ。

しかも、その借金の担保の一つに不動産があるが、アメリカの住宅価格は2022年初頭から暴落を続けており、さらに2023年に向けて大暴落すると予想されている。

つまり、借金の担保だった不動産の価値がゼロに向かっており、いっそう借金の返済は絶望的になることは間違いない。

価値のないドルでの取引はお断り

いずれにせよ、金融市場が下落している原因は、基軸通貨だったドルの価値が崩壊し、世界各国が取引を拒否しているためだ。

しかし、アメリカの背後にいるハザールマフィアは、大手マスコミを使って、その理由をFRBによる大幅な利上げのせいだとしている。

2022年3月、FRBはこれまで続けてきた事実上のゼロ金利政策を解除し、金融引き締め政策に転じた。さらに、「記録的なインフレに対応するため」として度重なる利上げを行い、2022年末には4%台の半ばまでに引き上げようとしている。金利が上がれば企業が貸し入れなどを手控えるようになり、過熱した景気を抑制する効果を期待できるからだ。

しかし、アジアの結社筋によると、FRBが金融引き締め政策に転じた本当の理由は、アジアからの借り入れが止まったからだという。そのためにアメリカ政府はやり繰りに困り、金利を上げて乗り切ろうとするしかなかった。しかし、依然として金融市場は混乱したままで、株や債券、仮想通貨などの金融商品の価格がリーマンショック発生当時よりも暴落するということが起こってしまった。インフレに対してもFRBが何度も利上げを実施しても、いっこうに抑制することにつながっていない。根本的な原因は、アメリカという国と、その自国通貨ドルの信頼が失墜し、世界から見放されているからなのだ。

第2章で説明したことの繰り返しになるが、ドルの価値がなくなった背景にあったのは、ハザールマフィアがドルを無理矢理に基軸通貨にしてきたことにある。

ドルを高値にすることでハザールマフィアは利益を手にしてきたが、アメリカ国民からすれば有害でしかなかった。

というのも本来、通貨はその国の実体経済にあわせて価値が変わっていくが、ドルの場合はアメリカの実体経済を無視して高値で維持されたことで、国内の製造業は大打撃を受け続けることになった。国内で製造した製品を海外に売ろうとしても、高値で維持されているドルでの取引となるために、海外では誰も買ってくれないからだ。そうであるならば、海外の工場で作った方が安上がりになるか、安い海外製品を輸入した方がいいということになる。

こうしてアメリカは、いわゆる「産業の空洞化」を招くことになり、国内産業の国際競争力が奪われ、生産拠点の海外移転が加速されていった。

その結果、50年にわたって巨額な貿易赤字が膨れ上がっていった。今では西側諸国以外の世界のほとんどの国々が、「借金を返さないアメリカとはもう商売しない」として、「価値がないドルでの取引もお断り」という状態に陥ってしまったというわけだ。

ちなみに、ドルがアメリカの実体経済を反映していないことは、為替相場を見ても分かる。アメリカでは現在、40年ぶりという高いインフレ率が観測されているにもかかわらず、為替相場でドルは暴落するどころか、堅調に推移している。ドルの価値がアメリカの国内情勢によって決まるというのであれば、このような現在のドル高の現象は絶対にありえないからだ。

偽装されたアメリカのインフレ率とGDP

ハザールマフィアは、アメリカ国民の窮状を無視して自分たちの利益を追求してきた。彼らの巧妙なところは、そのことをアメリカ国民に知られないように細工してきたことにある。

例えばアメリカ政府は、物価高を現わすインフレ率を発表しているが、このインフレ率が実際よりも低く見えるように操作してきた。

インフレ率とは、「卸売物価指数」「消費者物価指数」「PCEデフレーター（個人消費支出）」などの指標をもとに算出されるものだが、これらの物価指数は調査対象となる品目が同じでなければ意味がない。その都度、調査する品目を変えていたら、物価の上下を比較できなくなるからだ。

ところがアメリカ政府は、実際にインフレの調査対象となる品目をこれまで頻繁に変えてきた。近年だけ見ても20種類以上の品目が入れ替えられている。例えば、牛肉の値段が上がれば調査対象から外して豚肉に入れ替え、豚肉の値段が上がれば鶏肉に入れ替え、鶏肉の値段が上がれば豆や芋に入れ替えるというような小細工までしてきた。

このような偽装は1980年ごろから行われており、もしも現在のインフレ率を1980

年以前の調査品目で計算すると、政府が公表している統計よりはるかに高くなる。それこそ、2022年5月のインフレ率は政府発表では約8・6%で、それでも約40年ぶりの記録的水準とされたが、これを統計の偽装が横行する以前の1980年代前半のインフレ率の算出方法で計算すると、約16・8%となり、なんと75年ぶりの高水準となるのだ。

アメリカ政府を操るハザールマフィアは、このような偽装を行うことで、アメリカのGDPを高く見せかけ、あたかもアメリカは豊かな国であるかのように国民をだましてきた。しかし、実体経済に合った算出方法で計算し直してみると、実は国民の9割の生活水準は1973年をピークに現在まで下降線をたどり続けているのだ。

バイデンが発言した「世界最終核戦争」の意味

これまでアメリカ政府とその背後にいるハザールマフィアは、アメリカの倒産をごまかすためにさまざまなことを行ってきた。例えば最近では、新型コロナウイルスなどの「疫病」だけでなく、「食料危機」や「戦争」をあおったりしてきた。

アメリカが倒産状態にあるのは、先に述べたように200兆ドルにも及ぶ債務残高があるためだが、その額は減っているどころかますます増え続けている。

貿易赤字を見ても5年連続で増加しており、2021年の1年間だけで赤字額は1兆ドルを超えている。財政赤字も2021年度は2・8兆ドルもあり、過去2番目の大きさだった。アメリカ政府は財政赤字を埋め合わせるために国債を発行しているが、その利払いだけでも相当の金額になる。さらにそこに貿易上の支払いも加わる。これらの支払いが諸外国に対して行えなければ、アメリカは国としての信頼がなくなるどころか、国として倒産したということになる。

しかし、アメリカの現状を見ていくと、いくら借金を返済しようと努力しても、ドルでの取引を各国が拒否しているのだから、借金の額が減らないのは当然である。

それでもアメリカは、借金の返済をしなければならない。もしもアメリカが借金を踏み倒し、国として倒産してしまえば、それこそアメリカだけでなく世界の金融システムが破滅する。ドルの価値がなくなったとはいえ、世界中に莫大な量のドルが出回っているため、アメリカが倒産してドルの価値がまったくのゼロになれば、世界銀行やＩＭＦ（国際通貨基金）、ＢＩＳ（国際決済銀行）など、これまで世界を構築してきた戦後の金融システムが崩壊してしまうからだ。そうなればハザールマフィアの持つすべての富や利権が吹っ飛ぶことになるので、彼らとしても、なんとかアメリカの倒産を延命させたいと思っている。だからこそ、これまで数限りない謀略をめぐらしてきたのだ。

特に国債の利払いや貿易上の支払いなどの対外支払い期日である1月31日と9月30日ごろには、アメリカの倒産を延命させるために、これまでも大きな事件が勃発してきた。第3章でも述べたが、中国の武漢に対する5Gの電磁波攻撃が行われたのは、2020年1月20日だった。そして、ロシアとドイツを結ぶ天然ガスのパイプライン「ノルドストリーム」の爆発が起こったのは、2022年9月26日と同月29日だった。

これまでのアメリカとその背後にいるハザールマフィアは、恫喝まがいの外交でお金を巻き上げようとしたり、テロのような過激な行動を起こして借金返済を引き延ばす口実に使ったりして、借金そのものを棒引きしようと企んできた。現在も同じようなことを水面下で行っている可能性が高い。

バイデンは、2022年10月6日の民主党の会合で次のような発言をしている。

「世界は冷戦が終わって以来、初めて〝世界最終核戦争〟の危機にさらされている」

これはロシアのウクライナに侵攻を念頭に置いたものだが、見方によっては「延命資金をよこさないと、全面核戦争を始めるぞ」と言っているのに等しい。つまり、世界に向けて脅迫を始めたのだ。

しかも、このときバイデンは、旧約聖書や新約聖書で「世紀末戦争」を意味する「アルマゲドン（Armageddon）」という単語をわざわざ使っている。このような言葉は悪魔的な思想を持つハザールマフィア側の人間が好んで使うものであり、バイデンは「ハザールマフィアの手先である」と自ら認めているようなものである。

ただし、何度も言うようだが、アメリカ軍の幹部やロシアのFSB（ロシア連邦保安庁）の情報筋はそろって、「ハザールマフィアに核戦争を起こすことはできない」と断言している。世界各国の軍上層部が協力しないからだ。結局バイデンが何を言おうが、しょせんははったりでしかないということである。

コロナ給付金が生んだアメリカの貧富格差

新型コロナウイルス騒動とワクチン接種キャンペーンも、アメリカの倒産をごまかすためにハザールマフィアが仕掛けたものであり、しかもそのことによって莫大な利益を上げたことは第3章で述べた。中でも見逃してはならないのは、この一連の騒動によってアメリカ国内の貧富の差が拡大したことだ。

新型コロナウイルス騒動の渦中、アメリカ政府は疲弊した経済を立て直すという名目でコロナ給付金などの経済支援策を打ち出し、総額で4兆ドルを超えるお金を国民にばらまいた。しかし、政府がいくらドルを発行しても、海外との取引に使えないために国内で消費するしかない。その結果、何が起こったかといえば、株や不動産、仮想通貨などへの投機が過熱したことだった。

例えば、アメリカの株式市場は値上がりを続け、2021年11月3日にはニューヨーク株式市場のダウ平均終値で3万6052ドルの過去最高値をつけた。アメリカ株式市場の時価総額が、実体経済に比べて約4000%以上も伸びるまでに増大していったのだ。これは実体とあまりにもかけ離れており、まるで幻覚を見ているようなものなのだが、それはすなわち大手企業の株価を保有している富裕層の利益が増大したことを意味する。

富裕層の投機熱はますます高まっていった。例えば、コンピュータ内でしか存在しないデジタルコラージュの美術作品（画像データ）が、6930万ドル（約75億円）という異常な高値で取引されたほどだ。

一方、一般市民の生活はどうだったかといえば、2021年の統計で見ると、アメリカ人労働者の5割が月収3133ドル未満にすぎず、それに対して一戸建て住宅の全国平均家賃は月額2498ドルだった。月収から税金と家賃を差し引くと生活費がほとんど残らないことになる。これはアメリカの中流階級がすでに絶滅しているという意味であり、国民のほとんどが貧困層のレベルだということである。

このようにして、これまで以上に極端な貧富の差がアメリカに生まれてしまった。アメリカ政府がコロナ給付金をばらまいても、結局はそのお金がハザールマフィアに代表される富裕層に吸い取られてしまったのだ。

さらには、ロシアのウクライナ侵攻を発端にした経済危機が、2022年初頭からアメリカを襲った。アメリカがハイパーインフレの状態に陥り、経済が大混乱したことは先に述べた。このインフレの発生は、アメリカ政府がコロナ給付金などの経済支援策として大量のお金を市中にばらまいていたことも原因の一つである。お金が世の中にあふれたために、モノやサービスの値段を上昇させることにつながったのだ。

ハザールマフィアは新型コロナウイルス騒動に陰りが見えたとたん、ロシアのウクライナ侵攻をあおってきたことを第1章などで説明したが、アメリカ国民はこれ以上、ハザールマフィアの謀略に付き合えないだろう。もはや貧困層レベルとなった多くの国民は、今回の経済危機でますます貧困化が進み、それこそわずかな貯金を取り崩して何とか生活しているのが現状だ。

アメリカ人の半数が「内戦が起きる」と予想

ここからは経済以外で、アメリカの内情がいかに悪化しているかを見ていく。アメリカの崩壊は経済だけでなく政治や社会情勢など、さまざまな面から引き起こされているからだ。

アメリカの内情の悪化は、治安の劣悪さにも表れている。現在、アメリカでは万引きや窃盗の被害にあっても、警察はすぐには来てくれない状態である。というのも、強盗や殺人などの凶悪犯罪が多発しており、警察は万引き程度にはなかなか対応してくれないのだ。

2022年10月24日、ミズーリ州セントルイスの高校で銃撃事件が発生し、容疑者を含む3人が死亡し、7人が負傷した。このような少なくとも1人が死亡または負傷した学校での銃撃事件は、2022年1月から10月時点で35件以上も発生している。銃乱射事件すべてを合計すると、11月末時点ですでに600件を超えており、年末までには670件を超えると予想されている。

アメリカの社会秩序は崩壊の一途をたどり、内戦状態に近い状態だといっていいだろう。

2022年5月13日から6月2日までの間に実施されたアメリカの世論調査の結果を見ても、アメリカ人の約50%以上が「今後、数年以内にアメリカで内戦が起きる」と予想しており、約65%以上が「民主主義に対する深刻な脅威がある」と答えている。

実際に内戦と同じようなことも起こっている。

例えば、テキサス州のグレッグ・アボット知事が増え続けるメキシコからの不法移民に業を煮やし、州兵を動員してメキシコ国境の封鎖に乗り出そうとした。このようなことを決めるのは本来、中央政府の仕事であるにもかかわらず、州知事がバイデン大統領の命令を無視して勝手に行おうとしたのだ。これはかなりの異常事態であり、それこそ内戦に発展してもおかしくはない行為である。

2022年10月7日、ニューヨーク市のエリック・アダムス市長が同市に「緊急事態宣言」を発令した。大量の不法移民が市内に押し寄せた結果、移民が数日間滞在するためのシェルターが完全にパンク状態となってしまったからだ。

この背景には、テキサス州政府が中南米から流入してくる不法移民をバスに乗せて、「リベラル」と称するニューヨークなどの大都市に続々と送り込んだという事情があった。テキサス州のアボット知事は2022年11月に知事選挙を控えており、敵対する民主党を攻撃するためにパフォーマンスを行ったという見方もある。しかし、メキシコ国境への州兵の派遣といい、あからさまにバイデン大統領の「移民受け入れ拡大」政策に反発したこれらの動きは、内戦状態に近いものだといえるだろう。

妊娠中絶をめぐり保守とリベラルの対立が激化

さらに内戦に発展しかねない火種として、「キリスト教を熱心に信仰している中西部と南東部」と、「旧権力の中枢が支配する西海岸沿いの地域とニューヨークやワシントンD．C．」の深刻な対立がある。前者は共和党支持者の多い地域であり、宗教保守派と呼ばれる。後者は民主党支持者の多い地域であり、リベラル派と呼ばれる。

この対立が決定的になったのは、２０２２年8月24日にアメリカの連邦最高裁判所で下された人工妊娠中絶をめぐる判決だった。連邦最高裁判所が「中絶は憲法で認められた女性の権利」だとしたこれまでの判決を覆す判断を下したのだ。

この最高裁の判決は、宗教保守派の考えを代弁したものであった。この判決を受けて、中西部と南東部を中心にアメリカ全州のおよそ半数の26州が「中絶禁止」の法案を議会で通したか、もしくはもうすぐ通すだろうとされている。

一方、この判決にリベラル派が一斉に反対の声を上げ、両者の対立がいっそう鮮明になってしまった。人工中絶の是非は昔からアメリカ社会を二分する論争の火種となっていたとはいえ、この判決によってアメリカ国民の分断がますます広がる形になってしまった。

ＣＩＡ（アメリカ中央情報局）の情報筋によると、この最高裁の判決は、ハザールマフィアがアメリカで内戦や暴動を起こすために、２０２２年11月に中間選挙を控えた民主党と共和党が対立を激化させているタイミングにあわせて行わせたのだという。

このようなハザールマフィアの画策に対して、アメリカ軍が戒厳令の準備をしているという情報も寄せられている。

2022年10月、テキサス州で原因不明の大規模なGPS（全地球測位システム）障害が起き、航空機の発着などに影響が出た。このようなトラブルが起きたのは、テキサス州にあるフォートフッド陸軍基地を拠点とする部隊の行動を外部から隠すためだったという。

2022年7月、ノースカロライナ州にあるフォートジャクソン陸軍基地の周辺で、連日にわたって爆発によるものと推定される地震が観測された。これについてCIAの情報筋は、「アメリカ軍や当局の改革派が、基地の地下施設内でハザールマフィアに加担する勢力への攻撃を開始したため」と伝えている。

いずれにせよ、富裕層に対する一般市民の不満を契機にして、保守派とリベラル派の対立が激化し、その結果、軍事衝突にまで発展する可能性も否定しきれない。アメリカが近いうちに革命に突入する事態になることも十分にありえることなのだ。

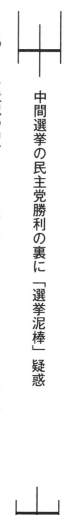

中間選挙の民主党勝利の裏に「選挙泥棒」疑惑

このような状況の中、2022年11月8日にアメリカで中間選挙が行われた。この選挙はアメリカ大統領選挙の中間の年に、4年に1度実施されるもので、アメリカ議会の上院議員の3分の1と下院議員すべてが改選される。また、この日には州知事選挙も行われる。

バイデン大統領の支持率が低迷していることもあり、所属している民主党の劣勢が予想されていたが、下院では共和党が過半数をかろうじて取ったものの、上院では民主党が多数派を維持した。

CIAの情報筋によると、もしも民主党が圧倒的な勝利を収める結果になっていたら、アメリカ全土に戒厳令が敷かれ、臨時の軍事政権が発足するか、もしくは内戦に突入していたという。

2020年の大統領選挙で当時の大統領だったドナルド・トランプは、「バイデンが勝利したのは不正選挙が行われたからだ」と「選挙泥棒」という言葉を使って激しく抗議した。今回の中間選挙でも民主党が勝利を収めるようなことになったら、同じような選挙泥棒が行われたからだとして、トランプ支持者を中心にした民衆が黙っていないだろうというのだ。実際に今回の中間選挙で敗れた共和党候補の中には、自分が負けたのは選挙泥棒が行われたからだと主張する者もいた。トランプも選挙結果を受けてそう叫び始めた。

最終的な中間選挙の結果は、下院では共和党がなんとか勝利を収めたが、上院では過半数に達することができなかった。バイデンの支持率は7月下旬の時点で約31%と報じられたが、アメリカ当局の情報筋によると、本当の支持率は約5%にも満たないという。それにもかかわらず共和党の大勝利とはいかなかったのは、大胆で露骨な選挙泥棒が行われたからだと私は見ているが、問題は政府や議会に対する信頼度の低さだ。

中間選挙前に行われたさまざまな世論調査を見ると、アメリカ議会の支持率はたったの約7％しかなく、約85％が「国は間違った方向に進んでいる」と回答している。さらに、回答者の大多数が「アメリカ政府は腐敗し、市民に対して不正を行っている」と答え、約28％が「政府に対して市民が武力を行使する必要がある」とさえ考えている。大手マスコミへの支持率も約11％にまで低下しており、「国民の約70％がいわゆる〝陰謀論〟を信じている」という調査結果もある。

これはある意味、仕方のないことかもしれない。アメリカ議会は中間選挙を前にして、延々と共和党と民主党との間で中傷合戦を繰り広げていた。トランプ支持の共和党議員は、バイデン大統領の息子ハンター・バイデン絡みのスキャンダルを追求した。一方のバイデン陣営は、2021年1月6日に起きたトランプ支持者による議会議事堂の襲撃についての公聴会を開き、トランプを追求するパフォーマンスを演じていた。

一般市民は物価の高騰といった身近にある深刻な問題をどうにかしてもらいたいのに、両陣営とも相手を攻撃することに熱心なだけで、インフレやエネルギー危機に対する有効な手だてを示すことはなかった。これでは議会や政府に対する信頼がなくなるのも無理はない。

バイデンはすでに「影武者」に置き換えられた

中間選挙が終わった2022年12月現在、今後の注目は「バイデン劇場」がいつまで続くのかということになるだろう。

バイデンは今回の中間選挙の結果を受けて、2024年の大統領選挙への出馬を表明したようだが、それを言葉どおりに受け取ることはできない。11月20日に80歳となったバイデンは、2年前の大統領選挙のときから認知症が疑われ、2022年9月28日にもホワイトハウスで演説した際に、8月に事故死した下院議員の名前を呼んで探すような仕草をした。バイデンはその下院議員が亡くなったことを忘れてしまっていたのだ。

もはや痴呆に近いバイデンを人前に出さないために、背後にいるハザールマフィアはCG技術を駆使して偽物の映像を作ってマスコミに流したり、影武者の役者を使ったりして自分たちのいいように操ってきた。例えばNSA（アメリカ国家安全保障局）の情報筋によれば、バイデンが大統領就任直後にホワイトハウスで撮影されたという映像は、実際はジョージア州アトランタにあるフォートマクファーソン陸軍基地で撮影されたものだったという。

さらに踏みこんで言うなら、私は現在のバイデンを正式なアメリカ大統領とは思っていな

バイデンはすでに死亡!?
現在のアメリカ大統領は影武者!?

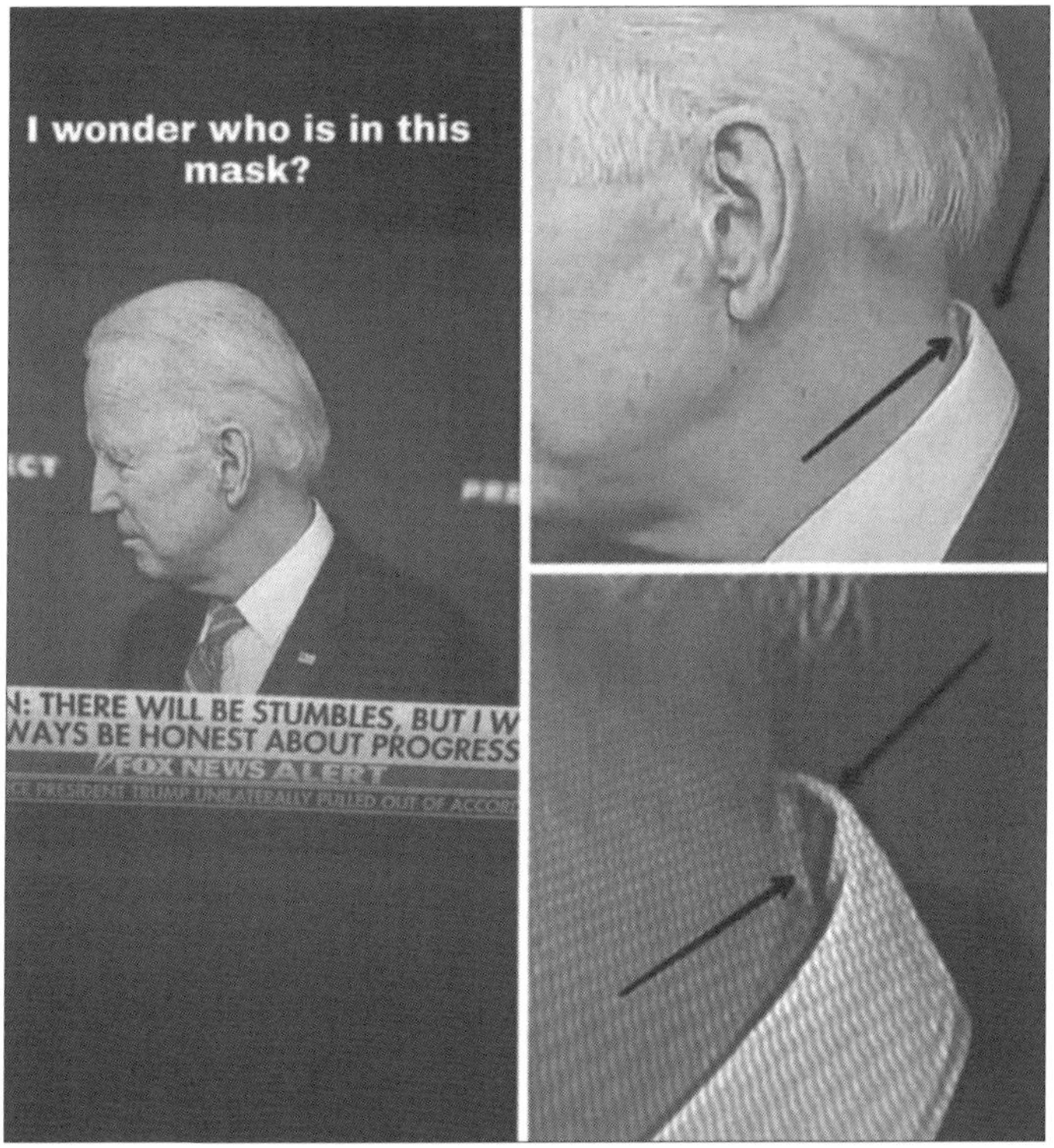

バイデン大統領はすでに死亡しており、現在のバイデンは影武者やCGを使った偽者という情報がある。インターネット上では影武者説やCG説の検証が行われており、上の画像のバイデンはゴムマスクを着けた替え玉だと指摘された。他にも昔と現在の顔がまるで別人など、疑惑を検証する画像や動画が多数アップされている。

い。もともと選挙泥棒によって大統領選挙に勝っただけの存在で、バイデン本人はもはやこの世にはおらず、すでに影武者に置き換えられていると見ている。アメリカ軍の最高司令官であるはずの大統領ではなく、〝エセ〟大統領にすぎないのだ。まさに滑稽なバイデン劇場が現在のアメリカで公演され続けているということである。

そんなバイデン劇場では、中間選挙の期間中に共和党が厳しく追及していたバイデンの息子ハンター・バイデン絡みのスキャンダルが今後、議会で蒸し返されることも充分に考えられる。そのスキャンダルとは、ウクライナにあるエネルギー企業の役員を務めていたハンターが、当時副大統領だった父親の地位を利用して不正なビジネスを働いていたという疑惑だ。加えて、中国企業から不正な資金を受け取っていた疑惑もある。共和党はバイデンを攻めるために、この疑惑まみれの息子を公聴会に召還し追求しようと目論んでいる。

さらに、2020年の大統領選挙自体が無効であるという主張も、ますます強くなるかもしれない。すでにテキサス州やアリゾナ州、ウィスコンシン州の各州議会が「バイデン政権は不正選挙によってつくられた違法政権である」とする議決案を正式に提出している。それどころか、テキサス州の共和党員は、2023年に向けて「テキサス州のアメリカ離脱」を問う住民投票の実施も計画しているという。

こうした状況を受けて、ペンタゴン（アメリカ国防総省）やNSAの情報筋は「アメリカの連邦最高裁が近いうちにバイデン陣営の選挙泥棒を認める判決を下すだろう」とさえ話している。同筋らによると、そのときはトランプが再び大統領の座に就くという。実際に、2022年10月24日、連邦最高裁判所が「バイデン政権の官僚やアメリカ議会の主要議員を含む388人を〝反逆者〟とする」という告訴状を正式に受理している。アメリカでは反逆罪は死刑または5年以上の懲役に処すと憲法に規定されている重罪だ。場合によっては現在のアメリカ政界のほとんどのメンバーが法の裁きを受けることになるだろう。

「管理された反体制」と化したトランプ

今後の動向が注目されるトランプだが、現在、彼は「管理された反体制」になっているという。

というのは、バイデンが勝利した2020年11月の大統領選直後、アメリカ軍がハザールマフィアに対抗するために「行動を起こそう」とトランプに申し出たが、本人がそれを断ったという。そもそも、2016年の大統領選挙でトランプが勝利したのは、アメリカ軍の良識派によるバックアップがあったからだが、トランプが大統領に就任した後、アメリカ軍の良識派が距離を取るようになっていった。それでもアメリカ軍の良識派はハザールマフィアの暗躍を阻止するために、2020年11月の大統領選直後にトランプに協力を求めたのだが、トランプは結局、その呼びかけに応じなかったというのだ。

そもそも新型コロナウイルスのワクチン接種についても、トランプは当初こそ抵抗して見せたものの、結局は大々的に奨励するようになり、多くのトランプ支持者からも反発を買っていた。これまで述べてきたように、ワクチン接種キャンペーンはハザールマフィアの画策した謀略である。

さらに、トランプが「管理された反体制」であることは、トランプの影武者説が流れていることでも証明されている。トランプの目の周りが白く、あごがたるんでいるときは、それは影武者だというのだ。アメリカが2020年1月31日に不渡りを出した事実は、これまで何度も触れてきたが、実はこれ以降、当時の大統領だったトランプは完全に権力を剥ぎ取られ、それまで公に登場するときは3度に1度の割合で影武者だったものがすべて影武者に置き換えられてしまった。つまり、トランプは反体制のポーズは取っているものの、ハザールマフィア側の旧体制から管理された存在になってしまったのだ。

しかし、トランプを熱狂的に支持する人たちの多くは、彼が「管理された反体制」であることにまだ気づいていない。今回の中間選挙でもトランプは自身が推薦する共和党候補の応援に駆け巡り、支持者からの熱烈な歓迎を受けていた。

ところが、中間選挙の結果を見ると、トランプの応援した候補が全員当選したわけではなかった。それでもトランプは、2022年11月15日、フロリダの邸宅で大統領選挙への出馬を表明した。実はこのときの演説の中で、トランプは「2024年」の大統領選挙とは一言も言っていない。次回の大統領選挙は2024年に行われる予定だが、そのことにあえて触れなかったのは「大きな意味」があるとCIAの情報筋が伝えている。アメリカでは現在「バイデンや他の多くの議員たちを不正選挙で逮捕し、2023年の3月に次の大統領選挙を実施する」というシナリオのもと、いくつかの国内勢力が活発に動いているという。トランプはその選挙を視野に入れて、大統領選挙の出馬を早期に表明したというのだ。

しかし、たとえトランプが大統領に返り咲こうと、ドルの価値がなくなった現在、ハザールマフィアの影響から抜け出さないかぎり、「国際社会からの孤立」からアメリカを救うことはできない。つまり、トランプはアメリカ国内でしか通用しないということだ。

そのため多くの愛国者たちが、トランプでもバイデンでもない新たな指導者を求め始めている。今のところ、今回の中間選挙で再選されたフロリダ州のロン・デサンティス知事が次期大統領の最有力候補になるという意見がある。一方で、トランプが大統領に復活する、またはカマラ・ハリス副大統領がアメリカ初の女性大統領に就任するなどの意見もあり、情報源によって異なっているのが現状だ。とはいえ、今のままでは誰が大統領になっても、アメリカの崩壊は止められないだろう。

私の意見を述べるとすれば、最終的にトランプもバイデンも、どちらも不要だと考えている。バイデンが最後のアメリカ大統領となり、アメリカはカナダや中南米の国々と合体して、新しい巨大国家の一部になるというシナリオが一番いいと思う。

このシナリオは実際に水面下で進められている。イギリス王室やバチカン勢力に属するP3フリーメーソンの情報筋によると、世界の最高峰に立つ権力者の間では、すでに「アメリカとカナダを合体させる」という合意が大筋でできており、近い将来、アメリカに関する何らかの発表があるだろうと話している。

しかし、このシナリオを実現するには、ハザールマフィアが支配する西側諸国の既存体制がいったん崩壊する必要がある。そのときはハザールマフィア側の大きな抵抗も予想される。しかし、アメリカ軍の良識派は、一時的な混乱と苦しみが伴うだろうが、結果的にはアメリカ国民にとっても世界の人々にとっても最善の道になるだろうと述べている。

アメリカ軍良識派が抱える苦悩とジレンマ

アメリカ軍の動きも見ておかなければならない。

アメリカ軍が中東などから撤退したのは、アメリカに海外へ派兵するほどの経済的な余裕がなくなったからだ。それでもアメリカ軍は、現在でも世界の800カ所に軍事基地を持ち、依然として世界第1位の軍事力を誇っている。

このアメリカ軍の中でも良識派と呼ばれている軍人たちは、ハザールマフィアが支配する既成体制に批判的な立場をとってきた。それというのも、ハザールマフィアは「人類の9割を抹殺し、生き残った人間を自分たちの奴隷にする」という悪魔的な思想を持ち、それこそ「戦争」をあおり、核戦争さえ辞さない構えを崩そうとしないからだ。そのためにアメリカ軍の良識派は、ロシア軍や中国軍の良識派にも働きかけ、核戦争だけは絶対に阻止しなければならないという連帯を秘かに結んでいるのだ。

しかしアメリカ軍の良識派は、ハザールマフィアそのものに直接、攻撃をしかければ、自分たちの首を絞めることになるのも分かっている。

ハザールマフィアはアメリカ軍を含んだ軍産複合体を支配下に置き、海外に武器を売り付けるなどして利益を吸い上げてきたが、それはアメリカ軍全体にとっての利益でもある。ハザールマフィアを解体させてアメリカ軍そのものが消滅するような方向に進めば、軍人たちが職を失うことにもなり、自分たちの生活の基盤を失うからだ。

とはいえ、ペンタゴンの情報筋によると、これまでのハザールマフィアの謀略を見てきたアメリカ軍の良識派は、世界経済が混乱を極め、崩壊しようとしている現実を前にして危機感を強めているという。中国やロシアに加えて、その他のＢＲＩＣＳ諸国などと連携して「既存の世界体制を全人類にとって公平なものに置き換える」という世界最高峰の権力者たちが進めている動きに賛同しているという。今後のアメリカ軍の動向がいっそう注目される。

アメリカ宇宙軍が秘匿する「反重力飛行物体」

アメリカ軍といえば、世界に公開されていない優れた科学技術を数多く秘匿していることをご存じだろうか。このことは軍上層部においては公然の秘密となっている。

なぜ公開されていないのかといえば、他国の軍事に悪用される恐れがあるからだが、何よりもこれらの技術をアメリカ軍とハザールマフィアで独占したいというのが本音だろう。

この未公開の技術の中には、「フリーエネルギー」や「反重力」なども含まれていることが分かっている。これらの技術は「反重力飛行物体」をつくるために必要なもので、反重力飛行物体とは早い話、空飛ぶ円盤、すなわちＵＦＯ（未確認飛行物体）のことである。

このような反重力の技術は、ドイツが第２次世界大戦中にすでに開発していたものだった。第２次世界大戦末から終戦直後にかけて、アメリカ軍は「ペーパークリップ作戦」と称して、優秀な科学者をドイツからアメリカに連行した。その中でも特に優秀な科学者や技術者は南極にある研究基地に避難して、大戦後もさらなる研究を進めていった。

探検家としても有名なアメリカ軍のリチャード・バード少佐が、大戦後に調査隊を率いて南極に赴いたとき、2週間ほど行方不明になった。しばらくして彼は無事に生還するのだが、偶然に迷い込んだアルゼンチンとチリの国境地帯にある森林の中で、南極から北極まで20分間で行ける飛行物体を発見したと当時の現地新聞が報道している。まさにその飛行物体こそが、ドイツが開発した反重力の技術を利用したものだったのだ。

その後、南極の研究基地は、バード少佐の勧めによって、アメリカのネバダ州にあるアメリカ軍基地内に移動することになった。気候条件の厳しい南極よりも温暖で、なおかつ軍の基地であれば秘密を守れるからだ。ちなみに、そのネバダ州の研究基地こそ、現在「エリア51」と呼ばれている地区のことである。

エリア51に関しては、宇宙人やＵＦＯが収容されているという都市伝説がある。さらに、この基地の上空で謎の飛行物体が数多く目撃されたと報告されているが、この飛行物体こそドイツが開発した反重力飛行物体に他ならない。アメリカ軍はこの事実を隠すために、あえて宇宙人やＵＦＯのような都市伝説を流していたのだ。

さらに、アメリカ軍とハザールマフィアはこのような未公開の技術を使って、新技術の開発を進めていった。「食料危機」を発生させるための気象兵器や、中国の武漢に仕掛けた5G攻撃も、これらの技術を使ってアメリカ軍とハザールマフィアが開発したものである。

また、宇宙人が侵略してくるというストーリーをあおることで、アメリカ軍の予算を増強させようという思惑もあるのだろう。これまでもアメリカの軍事予算の中から使途不明のお金が見つかり問題になったことがあったが、そのお金は反重力飛行物体のような未公開技術の開発に使われていた可能性が高い。

人類初の月への有人飛行計画として有名な「アポロ計画」にしても、月面に降り立った映像はハリウッドの映画スタジオで撮影されたものだという説が根強いが、これも宇宙計画をあおることでアメリカ軍やNASA（アメリカ航空宇宙局）の予算を増やすためだといわれている。NASAという名前は「National Aeronautics and Space Administration」の略ではなくて、本当は「Not A Space Agency（宇宙局ではない）」だとNASA当局者が冗談まじりに言っているほどだ。

宇宙に関する話題といえば、2019年12月、アメリカ軍はアメリカ宇宙軍（USSF）を創設した。その任務は宇宙空間における安全保障だ。例えば、今やロケットを発射するにも人工衛星によるGPSを利用しなければならないが、宇宙軍はこれら人口衛星をサイバー攻撃などから守っている。もはや宇宙空間は戦闘領域の一部なのだ。

アメリカ宇宙軍は
「反重力飛行物体」＝UFOを保有？

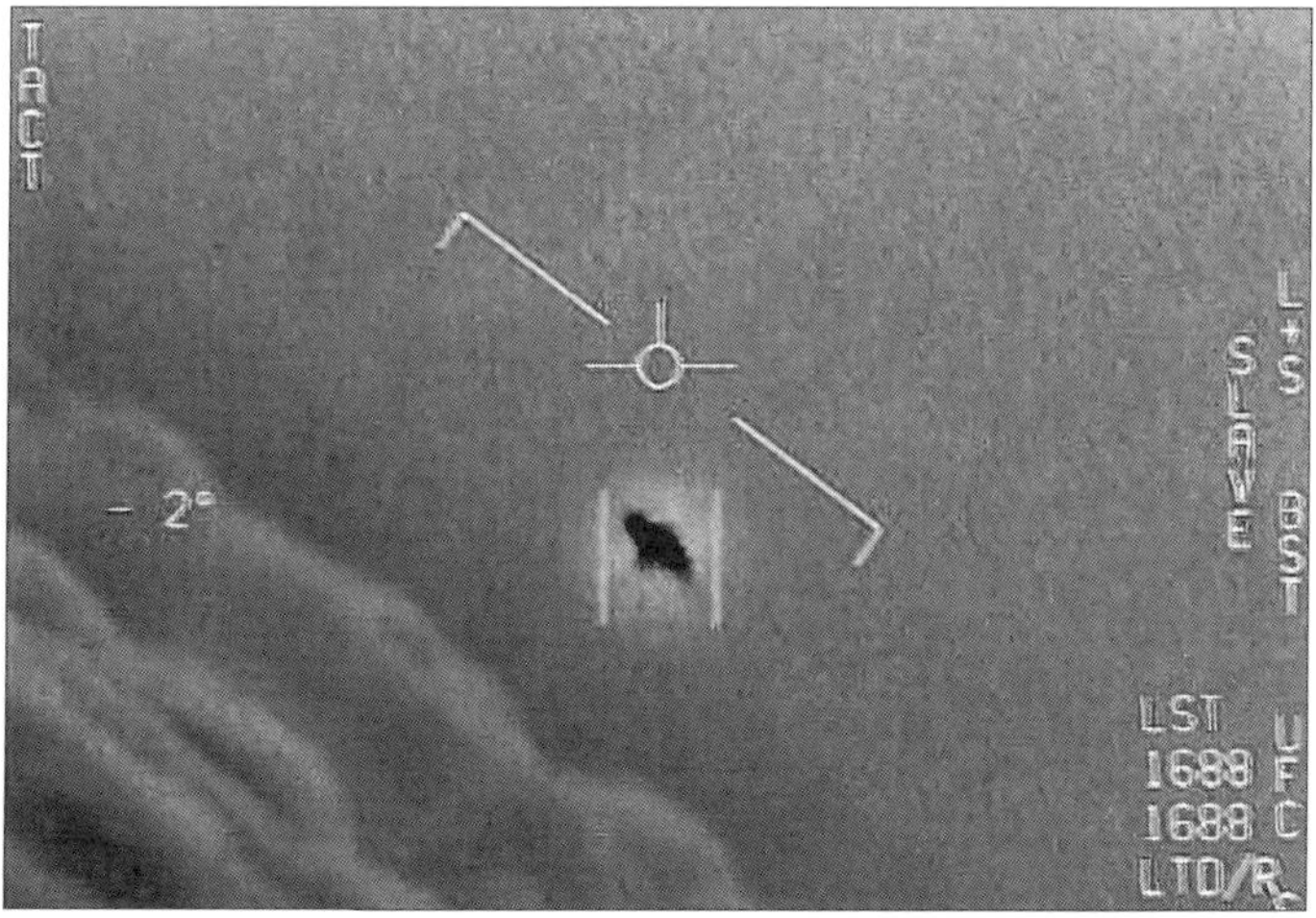

2020年4月、アメリカ国防総省は海軍のパイロットが撮影した「未確認の飛行現象」の映像3本を公開し、「未確認飛行物体（UFO）か」と話題を集めている。国防総省は「今も『未確認』とみなしている」としたが、実際にはアメリカ宇宙軍が保有する未公開の技術を用いた「反重力飛行物体」の可能性もある。

（出所）アメリカ国防総省

ハザールマフィアが、この宇宙軍を隠れ蓑にして、これまで以上に未公開技術の開発を進めていくことが予想される。

アメリカの下院議会でも、2022年5月17日に50年ぶりにUFOに関する公聴会が開かれた。UFOと見られる光の群れが宇宙ステーションの横を通過していく様子などは、これまでも欧米のマスコミによって紹介されてきた。近年さらに、UFOに関する記事や動画が毎日のように発信されている現実を受けて、議会が政府にその説明を求めたのだ。証言に立った政府高官はUFOの存在をはっきりとは認めず、「説明できない事象が数多くある」という説明にとどまっていたが、ハザールマフィアが支配する大手マスコミがUFOなどに関する情報を大量に発信しているのは、今後、アメリカ宇宙軍が「反重力飛行物体」の公開を予定しているからかもしれない。

世界人類は今、あらゆる意味で、未知の領域に突入しようとしている。

第6章

日本支配にうごめく黒幕の正体

円安から安倍元首相暗殺までの真相

「物価高騰」と「円安ドル高」が日本を直撃

西側諸国だけでなく日本の物価高も深刻な状況になりつつある。インフレ率を見ても、西側諸国の約9％前後に比べるとまだ低いものの、2022年4月には約30年ぶりに前年比で約2％も上昇し、2022年10月には40年8カ月ぶりに約3・6％に急上昇した。特に食料や原油などの輸入品の価格が高騰し、11月には牛乳やヨーグルトなどの乳製品をはじめ、リキュールや日本酒といった酒類など、およそ770品目が値上げされている。

この物価高に対して毎月の給料が上がっていれば、私たち庶民の生活はそれほど困らないのだが、厚生労働省が11月8日に発表した9月の「毎月統計調査」によると、物価の変動を反映した実質賃金は前年同月比で約1・3％減少しており、3月から連続して6カ月間マイナスになっている。つまり、物価の上昇に賃金が追いついていない状況なのだ。今後もこのような状況が続けば、庶民の生活はますます苦しいものになるだろう。

この物価高は家計だけでなく、企業にも大きな影響を与えている。特に急激な物価高の中で価格転換が難しい中小企業は、厳しい企業運営を迫られている。

急激な円安も進行した結果、輸入コストも上昇し、いわゆる「円安倒産」を余儀なくされた企業も少なくない。帝国データバンクの調べによると、２０２２年は10月までに21件の企業が円安倒産したという。企業を取り巻く環境は厳しさを増しており、今後、円安倒産が急増する可能性も充分に考えられる。

円安とは、日本の通貨である「円」の価値が外国の通貨と比べて相対的に低い状態にあることをいうが、日本の場合は基軸通貨であるドルでの取引が多いことから、ドルとの比較から現在の状況を「円安ドル高」と表現することが多い。つまり、これまで１００円＝１ドルだったものが、１５０円＝１ドルというような状況になっているということである。

実際に２０２２年10月20日の外国為替市場で１ドル＝１５０円の大台を突破し、約32年ぶりの円安水準になった。さらに翌日の21日には１５１円にまでなっている。

円安ドル高となると、海外からモノを輸入している企業の経営が厳しくなる。例えば、それまで１万ドル＝１００万円の金額で海外から輸入していたものが、１万ドル＝１５０万円となれば、同じモノを輸入しても50万円多く支払わなければならなくなる。輸入するモノが多ければ多いほど、企業の負担が増えるということだ。

帝国データバンクが７月に実施したアンケート調査によると、中小企業など約１・１万社のうち６割超が円安によりマイナスの影響があると回答している。さらにエネルギー価格の上昇などによって、国内の燃料費や電気代も値上がりしており、他の原材料も値上がりしている現状を見れば、中小企業だけでなく大手企業でも経営が厳しくなるのは当然のことだ。

「マネーサプライM1」が暴く円安の真相

今回の円安の背景にあるのは、アメリカと日本の金融政策の違いだと大手マスコミを中心にして説明されている。

確かに第5章で述べたとおり、アメリカの中央銀行であるFRB（アメリカ連邦準備理事会）は、これまで続けてきた事実上のゼロ金利政策を2022年3月に解除した。さらに、記録的なインフレに対応するという名目で4度にわたって金利を引き上げ、今では4％台になっている。それに対して日本の中央銀行である日本銀行は、ゼロ金利政策を依然として続けている。

こうなると、日本円を保有していても金利がつかないので、日本円を売ってドルに買い換えた方が金利の分だけもうかることになる。それゆえに外国為替市場では円が売られ、ドルが買われることになり、そのことによって円安ドル高が進行していくわけである。

しかし、円安が加速している本当の理由は、日本がアメリカを支えるために大量の円を刷って貢いでいるからに他ならない。

アメリカは2020年3月にゼロ金利政策を解除したと述べたが、それは金融引き締め政策に転じたということである。金融引き締め政策とは、例えば中央銀行が持っている国債を売却することなどによって、それまで市中にばらまいていた通貨を中央銀行が回収することをいう。そうやってアメリカは2022年の1年間、ドルを回収してきた。それに対して日本は、金融緩和政策を続行している。金融緩和政策とは、通貨を市中にばらまくことであり、そのことによって冷え込んでいる景気を活性化させる狙いがある。日本は2013年4月からこの金融緩和政策を現在まで続けている。

この日本とアメリカとの金融政策の違いによって何が起こっているかというと、市場からドルが消えて、円が増えていくということである。そのために消えていくドルの価値が上がって「ドル高」になり、だぶつき気味になる円の価値が下がって「円安」となっていく。

ところが、この理屈が分かっているのに日本は金融緩和政策をやめようとはしない。

それはなぜかというと、アメリカに巣くっているハザールマフィアを助けるためであり、彼らに貢ぐためである。

そのことは日本国内で流通している円の量を見ても分かる。市中に出回っているお金の量を表す指標に「マネーサプライM1」というものがある。これは民間に流通している現金と預金通貨の総額を示すもので、これを見ると、2022年3月から急激に低下している。つまり、2022年3月以降、日本国内に流通している円の量が減り続けているのだ。

これは明らかに不自然である。日本は市中に出回るお金を増やすために金融緩和政策を行っているのだから、このマネーサプライM1は増えていなければならない。そうなっていないということは、日銀が発行した円が日本国内ではないどこか別のところに吸い取られているということだ。しかも、マネーサプライM1が減り始めたのは、円安ドル高が始まった時期と見事に一致している。

この消えた日本円こそが、海外に拠点を置くハザールマフィアの懐に流れ込んでいったのである。

低金利の円を借りて、高金利のドルを買い漁る

ハザールマフィアが日本円を利用して利益を得る仕組みの一つに、「円キャリートレード」というものがある。

円キャリートレードとは、金利が低い円を借り入れて、その資金を外貨に転換して運用する取引のことをいう。例えば、現在の円安ドル高を1ドル＝150円とした場合、ゼロ金利の円を150万円借りて、この150万円をドルに交換してアメリカの銀行に預けたり、ア

メリカの国債や株を購入したりする。このとき、最初に借りた150万円に対する金利はゼロに近いのでほとんど利子を払わなくてもよく、その150万円をドルに替えて1万ドルとし、その1万ドルで金利の高いアメリカの銀行に預ければ、金利の差の分だけそのままもうけとなる。

または、金利の高い国債や配当が期待できるアメリカ株を買って運用すれば、これも利益となる。早い話、利息なし同然で円を運用資金として借り、その資金を金利の高いドルで運用することで利益が出るということである。

まさにゼロから利益を生み出す錬金術のようなことが、現在の円安ドル高の状況で実際に行われているのだ。このような現代の錬金術を使って利益を得ているのが、ハザールマフィアが支配下に置く外国資本の銀行や証券会社などである。

今回の円安ドル高に対して、日銀は「ドル売り円買い」の市場介入を行った。いわゆる「為替介入」である。これは日銀が保有するドルを売って円で買い上げることで市中にドルを増やして、円を回収して円安ドル高の進行を抑えようとするものだ。その介入金額は、現在分かっているだけでも2022年9月、10月の2カ月で9兆1881億円にも及んでいる。

これだけ巨額の介入を行っても効果は限定的だった。日銀によると為替介入を行ったのは、9月22日と10月21日、24日だということだが、9月22日の為替介入の結果は、それまで1ドル145円台後半だったものが一時的に140円台までになったが、その後は再び144円台で推移した。さらに10月21日の為替介入のときは、32年ぶりの安値となる151円後半までになったことを受けて、日銀が過去最大となる5兆4800億円もの円を買ったが、146円台前半までに急反発したものの、すぐに149円近くまで値を戻してしまった。そのため24日に再び為替介入を行い、一時145円台半ばまでになったが、やはり値を戻すことになった。

つまり、日銀の為替介入によって起こったことは、円安ドル高を是正するということよりも、円相場を乱高下させたということである。

実はこの乱高下もハザールマフィアにとっては利益となる。ハザールマフィアが支配下に置く外国資本の銀行や証券会社に所属する為替ディーラーたちが、この円相場の乱高下を利用してもうけているからだ。

日銀の「覆面介入」とインサイダー取引

為替ディーラーとは、外国為替市場で通貨を売り買いするディーラーのことだ。外国資本の銀行や証券会社の場合は、最低でも1000億円単位という大きな金額を動かすので、為替レートがたとえ1円程度上下しても、大きな利益や損失を生む。

例えば、1ドル145円の相場のとき、100万ドルで円を購入すると1億4500万円となるが、1ドル146円のときに売れば、1億4600万円を手にすることになるので、その差額の100万円が利益となる。もちろん、1ドル144円のときには100万円の損失となる。まさに博打場といってもいいほどの巨額なお金が動いているのだ。

為替ディーラーはこうした売り買いを相場の変動にあわせて、それこそ秒単位で頻繁に繰り返している。最近では人間の能力では追いつかないので、AI（人口知能）を使って売り買いさせているところもある。

つまり、何を言いたいのかというと、為替ディーラーにとっては円相場が乱高下した方が都合がいいということである。例えば、1円上昇したところで利益を確定させて売りに出し、1円下落したところで買いに入る。それを短期間で何度も繰り返すことができたならば、その分だけ利益になるからだ。

しかも、そのもとになる資金を日本の銀行から日本円で借り入れれば、ゼロ金利なのでほとんど利子を払う必要はない。為替ディーラーからすれば、どんどん日本円を借りて円相場に突っ込むことで、さらなる利益を得られるわけである。

もちろん今回の為替介入によって、損失を被った為替ディーラーもいただろう。日銀が行った2022年10月の為替介入は「覆面介入」といって、政府と日銀は為替介入することを前もって公表しなかった。そのために為替ディーラーにとっては、円相場の変動の理由が分からず、とまどうことになったはずだ。為替ディーラーの中には、この先の展開が読みきれずに相場から撤退する者もいただろう。今回の日銀による覆面介入は、このような投機的な為替ディーラーの動きを牽制するために行ったという見方もあるにはある。

しかし、このような為替介入をあらかじめ知っていたらどうだろう。

報道によると、アメリカの財務長官は今回の日銀による覆面介入について事前に知らされていなかったと述べたというが、本当のところは分からない。何度も言うようだが、アメリカ政府の後ろにいるのはハザールマフィアであり、彼らが日銀の覆面介入を前もって知っていたとは決して言うはずはない。これまでの彼らの動きを見れば、間違いなくインサイダー取引が行われていたと見るほうが自然だろう。

また、日銀の為替介入にしても、9兆円を超す巨額なお金を使って円安に導こうとしたが、それは一時的なショック療法のようなものだ。時期が過ぎれば、売ったドルを少しずつ買い戻して、もとの状態に戻すというようなことが通常は行われる。これは専門用語で「不胎化介入（sterilized intervention）」と呼ばれているもので、結果的に日銀の保有する通貨の量は変わらないということである。

日銀を支配する大株主の正体

結局のところ、今回の円安ドル高は、日本の国力を衰退させて、ハザールマフィアの延命資金になっただけだったといえる。

一時期、「トリクルダウン」という言葉が日本で持てはやされたことがあった。富裕層がさらに豊かになると、経済活動が活発化して、低所得者の貧困層にも富が回ってくるという理論だ。しかし、日本ではこのトリクルダウンは、これまでついぞ起きてはいない。起きないはずである。日銀が国内の経済を活性化させるためにいくら円をばらまいても、その円はハザールマフィアに吸収されるだけで、日本の貧困層には富が回ってこないからだ。これと同じことが今回の円安ドル高の背景でも起こっていたのだ。

そもそも、基軸通貨としてのドルの価値がなくなっていることはこれまで述べてきたとおりだが、アメリカの忠実な下僕である日本ではまだまだドルの価値は高い。だからこそ、ハザールマフィアは日本を狙い打ちするかのように口を出し、自分たちのいいように操ってきた。その最たる例が日銀の存在であり、安倍晋三元首相が主導したいわゆる「アベノミクス」という経済政策だった。

皆さんもご存知だろうが日銀は、日本の通貨である円を発行できる日本の中央銀行である。しかし、「民間銀行」であることは、あまり知られていない。日本国内のすべての上場企業が掲載されている『会社四季報』などを見れば分かるが、そこには日銀が上場企業の一つとして掲載されており、建前上は株の売買もできるようになっている。ただし、日銀の株はその約55％を日本政府が保有しており、残り約45％の株の大半は特定の集団が保有しているので、株式市場で株が売り買いされることはほとんどない。

問題はその特定の集団のことだ。日銀は株の大量保有者については非公開としているが、それがロックフェラー一族とロスチャイルド一族などのハザールマフィアだということが私の長年の調査の結果、判明している。つまり、日銀がもうかれば、その利益が大株主であるハザールマフィアに渡る仕組みになっているのだ。そして日銀を実質に支配しているのは、日本政府ではなく、大株主であるハザールマフィアだということである。

このことは、アメリカの中央銀行であるＦＲＢをハザールマフィアが支配している構図とまったく同じだといっていい。試しに日銀のマークを見てみると、そこには2匹にライオンが「目玉」を抱えている。この目玉こそ、ハザールマフィアと関係の深いキリスト教の秘密結社「イルミナティ」のシンボルマークである「プロビデンスの目」に他ならない。このプロビデンスの目はドル紙幣にも印刷されている。日銀はＦＲＢと同じくハザールマフィアの支配下にあるという証拠である。

「アベノミクス」で収奪された日本の資産

「アベノミクス」にしても、結果的に恩恵を受けたのは一部の富裕層とハザールマフィアだけだった。

アベノミクスとは、2012年12月16日に発足した第2次安倍政権において提唱された「大胆な金融政策」「機動的な財政出動」「成長戦略」の三つを柱とした経済政策のことで、基本的には現在の岸田文雄政権でも継続されている。特に安倍元首相の肝いりで就任した黒田東彦日銀総裁は「異次元の金融政策」を実施し、新型コロナウイルスの感染騒動が起きるまでに少なくとも500兆円ほどのお金を市場に供給してきた。

しかし、政府が目標としていた約2%のインフレ率は達成できず、デフレが続いて経済成長が停滞したままだった。給料も少しも上がらず、それに対して企業の利益だけが拡大し、社内に蓄積された利益の余剰金である「内部留保」も増加していった。大手企業の内部留保の総額は現在、500兆円に迫る勢いだという。

さらに、日銀が株式市場を買い支えたことによって株価も上昇していったが、もうかったのはハザールマフィアが支配するハゲタカファンドといった投資機関や外国人投資家だけで、日本の庶民にはまったく関係のないことだった。日本株の売買は、実はその多くがハザールマフィア関係の外国人投資家が行っているからだ。そして、株価が上がればその企業や株主の資産も増えることになるが、結局は大手企業の大株主であるハザールマフィアの資産が増えただけである。それに加えて、日本はゼロ金利政策を続けたために、金利の高い海外に資産が流れていった。

こうして日本の資産は、ハザールマフィアに吸い上げられていった。その一方で、日本政府は財政赤字を解消しないと日本は破綻すると国民を脅し、消費税を上げるなどして、庶民の財布からさらにお金を巻き上げ、これからも巻き上げようとしている。２０２２年10月26日に開かれた岸田首相の諮問機関である「政府税制調査会」でも、消費税率を上げる議論をすべきだという意見が相次いだ。これでは「トリクルダウン」など起こるはずがない。

そして、ここにきて、ロシアのウクライナ侵攻をきっかけにエネルギー危機が起き、世界経済の混乱が日本にも直撃し、急激な物価高や円安ドル高が庶民の生活や企業の経営を苦しめることになった。しかし、日銀の黒田総裁はまったく動こうとしない。それどころか、記者会見や国会の場で「金利を引き上げることはまったく考えていない」と断言さえした。

もちろん、金利をただ上げればいいというものではない。金利が上がればローンなどの利子も上昇するので、かえって庶民を苦しめることになるという意見も承知している。ただし、これほどまでに頑なな態度を見ていると、黒田総裁は誰かに脅されているのではないかと勘ぐってしまう。その誰かというのは、ここで言わなくても分かるだろう。

結局、政府と日銀のやっていることは、日本国民を犠牲にしてまでもハザールマフィアに貢ぎ続けるという売国行為でしかないのだ。

これからの日本を考えるならば、日銀を国有化し、一回きりの徳政令を出して政府や民間の借金を帳消しにするぐらいの大胆な改革が必要だ。それと同時に農地改革など、資産の再分配も行う。つまり、日本の企業や金融市場からハザールマフィアを追い出し、これまで彼らが盗んでいったものを私たちのもとに取り戻すことこそ、日本を再起動させるためには必要だということである。

日本の歴代首相を脅迫した黒幕

どうして日本は、それほどまでしてハザールマフィアに貢ぐ必要があるのだろうか。

結論から言えば、日本の歴代首相がハザールマフィアに脅されてきたからである。特に印象に残るのは竹下登元首相の死だ。彼はアメリカから押し付けられたアメリカ国債を売却しようとしたためにハザールマフィアの怒りを買い、アラスカに拉致された上に薬物を打たれ、ヘリコプターから全裸で吊された挙句、最後は睾丸を蹴りつぶされて殺されたといわれている。過去から現在に至るまで、日本政府はアメリカの巨額な赤字を助けるために、アメリカ国債を買い続けてきた。しかし、それでは日本の財政がもたないとして、竹下元首相はアメリカ国債を売却しようとしたのだ。その結果、このような悲惨な最期を迎えてしまう。

しかも、竹下元首相が拷問されて惨殺された様子は映像に撮られ、それ以後の日本の政治家や官僚に対する脅しとして使用されているという。

もちろん、このような事実は公表されていない。竹下元首相は2000年6月19日に膵臓癌で死亡したと公表されている。しかし、彼が見せしめで殺されたことは、私が公安当局などの複数の情報筋から直接、聞いた証言である。

その他にも、ハザールマフィアが支配するCIA（アメリカ中央情報局）の秘密資金を暴露しようとしたり、竹下元首相のようにアメリカ国債を売ろうとしたりした気骨のある日本の政治家はいたにはいたが、すべて謎の死を遂げている。このことについて述べると長くなるので、詳しいことを知りたい方は私の過去の著作物を読んでほしい。

とにかく、このようなハザールマフィアの残酷な仕打ちを間近に見たり聞いたりした政治家たちは、もはや彼らの意向に刃向かうことなど考えられなくなってしまった。

特に安倍晋三元首相のアメリカに対する媚び方は、尋常ではなかった。アベノミクスにしても、結局はハザールマフィアへ貢ぐためだったことは先に述べたとおりだ。アメリカ国債も買い続け、2019年6月には約2年ぶりに国別の保有額で第1位となり、その額は1兆1300億ドルにも達した。

2012年12月に第2次安倍政権が発足して以降、防衛予算が6年連続で過去最高を更新し、2020年度には5兆3133億円にまで膨らんだ。その中身を見ても、大半がアメリカからの武器購入費であった。しかも、その値段はアメリカの言い値であり、アメリカから言われたままの金額で購入してきた。

そして、日本がアメリカから購入してきた武器の返済ローンの残高が、2019年度でついに5兆円を超えるまでになっていた。それにもかかわらず、アメリカから武器を買い続けてきたのは、アメリカの軍産複合体とその背後にいるハザールマフィアをもうけさせるために他ならない。

その上、安倍政権が推し進めてきた「安保関連法」や「法人税率の引き下げ」、「働き方改革」などもすべてアメリカの要求どおりであることは、アメリカから突き付けられた「年次改革要望書」やこれを引き継いだ「アーミテージ・ナイレポート」を読めば分かる。そこに書かれていることを日本は忠実に実現してきた。しかも、アーミテージ・ナイレポートは、単にアメリカの民間政策シンクタンクである「CSIS（アメリカ戦略国際問題研究所）」が日本に提案してきたものにすぎない。しかし、その要求を日本政府が言いなりになって守っているのは、この組織がハザールマフィアの出先機関だからである。

アメリカからの命令書「年次改革要望書」

ちなみに年次改革要望書とは、1994年の宮澤喜一内閣のときから始まったもので、日本政府とアメリカ政府の間で両国の経済発展のために改善が必要だと考える問題点を文書にまとめ、毎年交換するものだった。この文書は両国政府によって公開されているので、誰でも読むことができる。これを読めば、日本からアメリカへの要求はまったく実現しておらず、一方でアメリカから日本への要求はほとんど実現していることが分かる。アメリカからの年次改革要望書は、まさにアメリカからの命令書だったのだ。

ところが、2009年に日本で政権交代が行われたとき、この年次改革要望書が廃止される。当時、民主党政権の鳩山由紀夫首相は、「緊密で対等な日米関係」をマニフェストの一つに掲げて総選挙を勝ち抜き、これまでの日米関係を見直すことに着手した。その一環として年次要望書を廃止したのだ。それは、自民党政権による対米追随路線から舵を切り、アメリカ支配からの自立を目指すものであった。

しかし、そのことがハザールマフィアを激怒させた。アメリカの支配から自立されてしまうと、これまでどおりに日本からお金を巻き上げられなくなるからだ。

その結果何が起こったかというと、2011年3月11日の「東日本大震災」だった。私はこれをあえて「核・津波テロ」と呼んでいる。なぜならそれはハザールマフィアによるテロ攻撃だったからだ。ハザールマフィアの命令を受けた工作部隊は、地球深部探査船「ちきゅう」で福島県沖の海底に核爆弾を埋め込むとともに、福島第一原発に小型の核爆弾を秘かに持ち込んだ。これらを爆発させることで人工的な津波を起こし、同時に原子力発電所を制御不能にさせたのだ。

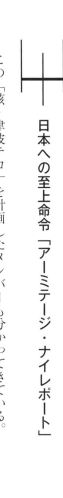

日本への至上命令「アーミテージ・ナイレポート」

この「核・津波テロ」を計画したメンバーも分かってきている。

先に紹介した「アーミテージ・ナイレポート」とは、アメリカの国務副長官だったリチャード・アーミテージと、国防次官補だったジョセフ・ナイが中心になってCSISから発表しているものだが、そのアーミテージやCSIS副所長のマイケル・グリーンといった、いわゆる「ジャパンハンドラーズ」と呼ばれていた日本の裏の支配者たちの意向が強く働いていたことは間違いない。

それというのも、「核・津波テロ」が起こった翌年の2012年8月にハザールマフィアの命令書であるアーミテージ・ナイレポートの第3弾が発表されているが、これは自分たちの言うことを聞かない当時の政権与党の民主党への脅しであり、最後通牒《さいごつうちょう》であった可能性が高い。その直後の11月16日、当時の野田佳彦首相は民主党が負けることを承知していたかのように衆議院を解散し、案の定、民主党が惨敗して第2次安倍政権が誕生していった。

まさに安倍晋三が首相の座に返り咲くことができたのは、ハザールマフィアのおかげであったといっていいだろう。

そういった意味でも、安倍政権はハザールマフィアに刃向かうことなどできるわけがない。だからこそ安倍政権は、アーミテージ・ナイレポートで提示されている要求を忠実に実現させていったのだ。

ちなみに、安倍元首相が退陣した直後の2020年12月7日に、アーミテージ・ナイレポートの第5弾が発表されている。まるで安倍退陣後の次の政権に対して、「俺たちの言うことを聞け」と前もって脅しを入れているようだった。

しかし、このようなハザールマフィアの脅迫的ともいえる態度は、日本国民からすればばたまったものではない。私たち国民が本来、受け取るはずだった富がハザールマフィアへ流れていくのだ。暴動が起きてもいいレベルだと思うが、当時の安倍政権に対する支持率は高いまま推移していった。

私はこれが不思議で仕方がなかった。日本国民は1960年と1970年の2度にわたって、いわゆる「安保闘争」を繰り広げたことがあった。そのときは多くの日本国民がアメリカとの安全保障条約に反対して国会議事堂を取り囲み、日本中が騒然となった。しかし、これ以降、安倍政権が提出した安保法案の裁決をめぐって、若者を中心にしたグループが国会議事堂の前に集まって反対の声を上げたぐらいで、日本を揺るがすような反対運動も暴動も起こっていない。

政府に忖度し、ハザールマフィアの意向を汲んだ大手マスコミによる情報操作という面もあるのだろうが、日本国民はもっと反対の声を上げるべきだ。そうしないと、このままハザールマフィアの思うままに日本の富が奪われ続けてしまうからだ。

日本国民がおとなしいのは、暴動を起こさないように精神を沈める薬物が水道に混入されているからだとか、テレビの画面から人を無気力にする電磁波が発信されているからだという話もある。これまでの日本国民の様子を見ていると、それもあながち嘘ではないと思えてしまうほどだ。

日本における経営コンサルタントの草分けとしても知られている船井幸雄先生が、印象深い話を私に語ってくれた。先生の家には戦後、アメリカ軍の関係者が滞在していたらしいのだが、その人物が言っていたのは、これからの日本には天才がいなくなるということだった。なぜ天才がいなくなるかというと、頭のいい天才を殺して我々アメリカ人よりも頭のいい日本人が生まれない環境をつくることが、日本を管理するためには最適だからだという。そして、そこから我々の言うこと聞く顔役をトップに仕立て上げれば、さらに管理しやすくなるということだった。

戦後の日本は、まさにそのとおりになっているといってもいいだろう。

例えば、1960年の安保闘争のときに首相だった岸信介は、安倍晋三の母方の祖父だが、CIAのエージェントであったことは事実であり、さまざまな文書でも明らかにされている。まさにアメリカの言うことを聞く顔役そのものだった。そして、岸信介の孫である安倍晋三もまた、まさにそのとおりの人物だった。

「熊本地震」は軍事化する日本への攻撃

安倍晋三元首相が2022年7月8日、奈良市内において選挙演説中に銃撃され、帰らぬ人となってしまった。

このような凶行は断じて許されるべきではなく、私も強く抗議するとともに、亡くなられた安倍元首相には心より哀悼の念を捧げたいと思う。

しかし、公人としての安倍元首相が行ってきたことは、この痛ましい事件とはまったく別問題である。それこそ安倍元首相のハザールマフィアへの貢献は、首相に復帰した当初から如実に表れていたといっていい。

２０１４年12月26日、安倍元首相は民主党から政権を奪回して第２次安倍内閣を発足させた。そして、内閣発足後すぐに開催されたハザールマフィアの出先機関である世界経済フォーラム（ダボス会議）の演説の中で、名指しこそしなかったが明らかに中国に対する強硬的な態度を示してみせた。記者会見でも日本と中国の間にある緊張を第１次世界大戦前のイギリスとドイツとの関係になぞらえ、喧嘩腰といっていいような発言を繰り返した。これは異様なことだった。何もそこまで挑発的になる必要はないからだ。

しかし、これはハザールマフィアの意向を汲んでのことであり、忠誠を誓った儀式でもあったと考えれば納得がいく。彼らは「人類の９割を抹殺し、生き残った人間を自分たちの奴隷にする」という悪魔的な思想のもと、あわよくば第３次世界大戦を勃発させようと虎視眈々と狙っているような存在だからだ。

実際に2007年7月、当時のアメリカ大統領ジョージ・W・ブッシュが、ロシアのウラジーミル・プーチン大統領とアメリカのメイン州にあるブッシュ一族の別荘で行った非公開の首脳会談で、ある提案をしている。それは中国を自分たちのものにしようという内容だった。しかもそのための計画も巧妙なもので、ロシアは中国の味方をするふりをして軍備を拡張させ、NATO軍や日本もそんなロシアに対抗するという名目で軍備を増強させていき、各国が充分に軍備を整えたときに中国に攻め入ろうというものだった。そして、その後に中国を五つの国に分断して自分たちの支配に置くというのだ。

この提案にプーチンは結局、乗らなかった。しかし、計画自体はブッシュが大統領の座を去った後も水面下で継続されていった。安倍政権はアメリカの言いなりに高額な武器を購入し、軍備を増強させていったのも、その計画のためだったのだ。安倍政権が推進した「安保関連法」もこの計画に沿ったものだといえる。

さらに安倍政権は、秘密裡のうちに中国侵攻のための武器を国内企業と結託して製造し、物資とともに自衛隊の駐屯地に集めていった。

しかし、中国侵攻の準備が着々と進められていった過程で、ある事件が起こる。2016年4月14日に発生した「熊本地震」だ。震度7という激しい揺れが計測され、250人以上の死者を出した。その被害総額は4・6兆円にものぼった。

この地震に関しては不可解なことが報告されている。震源地が熊本の自衛隊駐屯地の地下だったことや、地震直後に熊本県内の放射線量が急激に上昇したことなどである。

これらのことから分かるのは、これは自然災害としての地震ではなく、自衛隊駐屯地の地下深くにおいて何かが爆発したということである。情報筋によると、自衛隊駐屯地の地下には中国侵攻のために核兵器を含む武器や物資が大量に集められていたという。つまり、熊本地震と称されているのは、熊本の自衛隊駐屯地の地下にあった武器や物資が何らの原因で爆発したために起こった「事件」だったということである。

この爆発は事故によるものか、何者かの手によるものかは今もって分かっていない。

当初は中国当局によるものだという情報もあったが、アメリカ軍の良識派が中国との全面戦争を阻止するために実行したという説が今では有力だ。もしも核兵器を使うような戦争となれば、ハザールマフィアが目論んでいるような全面戦争に発展するのは必至であり、アメリカ軍の良識派はそれを阻止するために動いたというのだ。

ちなみに、2011年3月11日に起きた「核・津波テロ」のような攻撃も今後、日本では起きないだろうという情報が入ってきている。万が一、大地震を装った核テロ攻撃が起きた場合は、その攻撃を行った勢力に対して、ロシアや中国もそれ以上の大きな反撃をするだろうということが伝えられている。

安倍元首相に最後通牒を突き付けたアメリカ軍

さらに、安倍元首相は秘密裡に生物兵器の開発にも動いていたという情報が、複数の情報筋から寄せられている。それは学校法人「加計《かけ》学園」に獣医学部を新設して、そこで生物兵器の研究と開発を行おうとしていたというものである。これが実現していれば、第2次世界大戦中に生物兵器の開発を行っていた旧日本軍の731部隊の再現ということになる。

しかし、この計画も頓挫してしまう。皆さんもご存知のように、2018年にいわゆる「モリカケ問題」が国会などで問題になり、世間の注目を浴びるようになってしまったからだ。

加計学園の問題をここで整理しておこう。

学校法人の加計学園がそれまでの53年間、どこの大学にも認められていなかった獣医学部の新設を申請すると、「国家戦略特区」という名目で政府に認められることになった。その背景には、加計学園の加計孝太郎理事長と当時の安倍首相は長年の交友関係にあり、そのため特別な便宜が計られたのではないかと疑われたことをいう。

この加計学園問題を炎上させたのも、アメリカ軍の良識派を中心とする勢力ではないかという情報がある。加計学園の問題が浮上したのは2017年以降だが、アメリカではアメリカ軍の良識派に推されたドナルド・トランプが大統領に就任した年と一致する。当時のトランプはまだアメリカ軍の良識派と良好な関係だったために、ハザールマフィアの謀略に荷担している安倍政権に打撃を与えるべく、アメリカ軍の良識派が陰で動いたというのだ。

その当時の安倍元首相は、これまでのようにハザールマフィアの息がかかっていないトランプがアメリカ大統領選挙で勝ったことで慌てふためいていた。そこで大統領就任前の2016年11月にいち早くトランプを訪ね、特注のゴルフクラブを贈呈するなどして必死にご機嫌を取るようなことまでした。しかし、だからといってハザールマフィアを裏切るようなことはできない。安倍元首相はどっちつかずの状態のまま、ただただアメリカの要求どおりに動き、反ハザールマフィア勢力であるアメリカ軍の良識派がトランプ政権から去っていくのを確認すると、再びハザールマフィアの忠実な下僕となっていく。

しかし、ハザールマフィアの力は確実に弱まっていた。第3章でも述べたとおり、新型コロナウイルス騒動をでっち上げたのも自分たちの延命のためにすぎない。アメリカ軍の良識派を代表とする反ハザールマフィアの勢力は、いつまでもハザールマフィアの忠実な下僕である安倍元首相に業を煮やしていった。

2020年8月28日、安倍晋三はついに首相を辞任することを発表したが、実はその背景にあったのはアメリカ軍の良識派からの圧力だったという情報がある。辞任を発表する前日の8月27日、安倍は首相官邸でアメリカ宇宙軍の作戦部長ジョン・レイモンドと会っているが、このとき、レイモンドは安倍に最後通牒を突き付けたというのだ。もしも安倍が辞任を承諾しなかったらどうなるか。レイモンドは脅しの意味を込めて、アメリカ軍の特殊部隊を多数引き連れて日本にやって来ていた。その上、安倍には「モリカケ問題」だけでなく、「桜を見る会」や「河井克行・案里両議員夫妻の買収問題」など、それこそ司法の手が伸びる問題が続出していた。アメリカ軍の辞任要求を拒否する力はすでになかった。

ちなみに、安倍元首相の銃撃事件に際して、彼の側近筋を名乗る人物から私に連絡があり、「安倍晋三元首相は2年前にすでに死んでいた」との情報を受け取っている。2年前というのは2020年ということになるが、実際に2年前に安倍元首相が亡くなったということよりも、そのころからすでに安倍元首相の力が消滅していたという意味として、この情報を受け取った方がいいだろう。

しかも、このような安倍元首相の死亡説という情報が今、流されていることにも意味がある。2013年以降7年にも及んだ安倍政権とそれを継承する形で発足した菅義偉政権と岸田文雄政権を覆っていた闇が、ここに来て取り除かれようとしているからだ。

その最たる例が、自民党と「世界平和統一家庭連合（旧統一教会）」の長年にわたる「ズブズブ」の関係である。

自民党、旧統一教会、ブッシュ一族の関係

自民党と旧統一教会との関係は、2022年12月現在、すでにマスコミなどで大きく報じられている。もともとは、自民党総裁であり内閣総理大臣を務めた岸信介と旧統一教会の創始者である文鮮明との親交までにさかのぼり、共産主義に対抗する「反共」という点で結び付きを強めていったということらしい。

1960年にかけて日本では激しい安保闘争が起きたことを先に述べたが、そのときの首相が岸信介だった。日米安全保障条約に反対するのは共産主義に同調する人間だとして、これを排除するために岸は、日本にいる外国人勢力と旧統一教会の協力を求めたとされている。

実際に韓国人である文鮮明が設立した反共産主義の政治団体「国際勝共連合」は、岸の協力で設立されたといわれている。1950年代に韓国から日本に進出した旧統一教会にしても、自民党と強く結び付くことは、日本での布教に便宜を図ってもらうために極めて有益だった。つまり、両者の利害関係が一致したのだ。旧統一教会の本部が岸の自宅の隣にあったことなどもすでに報じられている。

岸信介がCIAのエージェントであったことはすでに述べたが、実は旧統一教会もCIA

や、その背後にいるハザールマフィアと深い関係があったらしいことも分かっている。これはアメリカの報道ですでに明らかになっていることだが、南米のパラグアイにあったジョージ・H・W・ブッシュ元大統領の牧場と隣接している形で旧統一教会の牧場があったからだ。まさに岸信介の隣に本部があったことと同じ構図だ。

ジョージ・H・W・ブッシュ元大統領は、ナチス派ハザールマフィアとして主にCIAを操ってきたブッシュ一族の一員であることはこれまで述べてきたとおりだ。ブッシュ一族は第2次世界大戦中から中国や東南アジアなどからの麻薬ルートを確立させ、戦後は中南米から台湾、北朝鮮で製造した麻薬をこのルートを利用して先進国で売りさばいてきた。

ここに旧統一教会もからんでいたのではないかという疑惑があり、さらに武器や人身売買なども行ってきたことなども日本では報じられていないが、アメリカの報道でたくさん目にしてきたことである。CIAのエージェントだった岸信介との関係を見ても、旧統一教会が何らの形でハザールマフィアと関係があった可能性もある。

結局、旧統一教会といった宗教法人は、特に日本では税制などで優遇されており、宗教法人という組織を経由して、ハザールマフィアと通じている権力側に資金を流すマネーロンダリングとして活用されてきたのだ。

その上で旧統一教会が、自民党の選挙を応援してきた事実も明らかにされている。

特に安倍元首相が民主党から政権を奪回した2012年12月の総選挙以来、自民党は安倍元首相の差配のもと、旧統一教会からの票を振り分け、自分たちの選挙に有利になるよう工作してきた。統一教会側も信者を自民党の選挙事務所に派遣して選挙運動を手伝ってきた実態が明らかにされている。安倍元首相は、母方の祖父である岸信介から3代にわたって旧統一教会との関係を深めていったのだ。

その安倍元首相が旧統一教会への恨みがあったとされている青年に銃殺されたとは、なんとも皮肉な話である。旧統一教会との関係を深めたことで、旧統一教会に対する恨みの対象とされてしまったからだ。

安倍元首相暗殺「実行部隊」の司令塔

安倍元首相の銃殺事件については、さまざまな情報が錯綜している。

手製の拳銃を使って犯行に及んだ山上徹也容疑者の背後にいるのは、旧統一教会だという情報もある。旧統一教会内部で対立があり、ハザールマフィアの手先となっている自民党の悪しき実態を暴露したいグループが、あの犯行を起こさせたというのだ。実際にその後のテレビや新聞の報道を見ると、自民党の隠された闇が明らかになっている。しかも、テレビや新聞に旧統一教会と自民党の癒着ぶりをリークしているのも、そのグループだという。

しかし、残念ながら今の段階では、この銃殺事件の背後にある存在を確証できるものは持ち合わせていない。それでも、私の意見を言わせてもらえれば、この背後にあったのは、結局は2011年3月11日に発生した「東日本大震災」＝「核・津波テロ」の真相を隠す意図ではなかったかと思っている。安倍元首相は真相を知っており、それを暴露する可能性があったのかもしれない。それはすなわち、日本がハザールマフィアに脅されてきたことの暴露であり、安倍元首相なりの復讐だったのかもしれない。

私がそのように思うようになったのは、MI6（イギリス秘密情報部）を含む複数の情報筋から、安倍元首相の殺害を指示したのはハザールマフィアの実行部隊であり、イギリスのエリザベス女王の殺害なども含めて、すでに国際指名手配が発布されたという情報を得たからであった。

その実行部隊の司令塔とされているのは、ヘンリー・キッシンジャー元国務長官や、CFR（外交問題評議会）のトップであるリチャード・ハースなどだ。安倍元首相の殺害はこのCFRで決定されたという。CFRとはハザールマフィアであるロックフェラー一族が率いている外交問題の研究機関で、本部はアメリカのニューヨークにあり、これまでもアメリカ政府に強い影響力を与え続けてきた。

安倍元首相暗殺の背後でうごめく策謀とは？

安倍元首相銃撃の背後には、自分たちの存在を暴露されることを恐れたハザールマフィアが暗殺を策謀した可能性がある。日本の元首相が暗殺されるという衝撃的なニュースは、海外のマスコミでも大々的に報じられたが、これはハザールマフィアによる世界各国の指導者や有力者へ服従を求める脅しだったのかもしれない。

私はこれらの事実を確かめるため、ＣＦＲで決定した安倍殺害命令は「核・津波テロ」の証拠隠滅が目的ではないかということも含めて、とある有力者にメールで問い合わせてみた。すると、私の書いたメールがなぜか文字化けして相手に送信され、返ってきたメールも同じように文字化けしていて判読ができないものだった。そして、その直後に届いたＭＩ６の情報筋からのメールを開けると、最少のフォトサイズの文字が並んでおり、一見すると細かい点線にしか見えない。なんとか文字を拡大すると、そこには「注意してください。あなたは殺される可能性があります」という私の身の危険を伝えるメッセージが書かれていた。

もちろん、私はこのような脅しにひるんだりはしない。しかし、この二つのメールのやり取りではっきりしたことは、私の個人メールが何者かに閲覧されているという事実だ。このようなことができるのは相当な権力者であり、ロックフェラー一族などのハザールマフィアの息のかかった何者かであることは間違いない。そして結果的に、安倍元首相を暗殺した理由は、あの「核・津波テロ」の証拠隠滅にあったのではないかという私の推論どおりかもしれないことを裏付ける形になったともいえる。

しかも、このメールのやり取りの直後に、ハザールマフィアの実行部隊の司令塔とされているリチャード・ハースが、ＣＦＲのトップの座を辞任することが発表された。ハースはすでに逮捕されているか、または処刑されている可能性が高い。

選挙のために旧統一教会にすり寄る自民党

安倍元首相が殺害されたことで自民党と旧統一教会との関係が暴露され、旧統一教会による自民党への選挙協力もさまざまな形で露呈した。これは、これまで行われてきた日本における不正選挙の闇を一つ暴き出したともいえるだろう。

旧統一教会の選挙協力については、信者数は公称で56万人にすぎないので、さしたる影響力はないと主張する人もいるようだが、それは大きな間違いだ。

旧統一教会の信者たちは上に言われるままに確実に投票するので、例えば自民党と競い合っている対立候補がいた場合、旧統一教会の票は少数であろうとも貴重なものになる。あと千票が足りないというときに旧統一教会に頼めば、その千票が期待できるのだ。実際にそのような教会側の票の割り振り行為があったことを関係者は認めており、そのような報道もされている。そもそも日本の国政選挙の投票率は、2021年10月の衆議院選挙で55・93％、2022年7月10日の参議院選挙で52・05％という低さなので、確実に票が期待できる旧統一教会の存在はとても貴重なものとなる。

さらに旧統一教会の信者は、真面目で有能な人が多いというが、そのような信者が選挙事務所に出入りして選挙運動を手伝っていたことも分かってきた。これは陣営にとってはとても心強い。ポスターを1枚街頭に貼るのも思っている以上に大変な作業であり、有権者にいちいち電話をかけて応援を依頼することも根気のいる作業だ。しかも、これらの作業を無償で行ってくれるというのだから、自民党にすれば旧統一教会の選挙協力は拒否するどころか大歓迎である。

それゆえに自民党の候補者たちは、旧統一教会にすり寄っていき、教会の信条に沿った政策にも賛同するようになっていった。選挙の際に旧統一教会の関連団体との間で、憲法改正や家庭教育支援法の制定などに取り組むように記した「推薦確認書」を取り交わしていた自民党の候補者が多数いたことも報道されている。

しかも、このような選挙協力があったことは、これまで私たちに知らされていないことだった。もしも安倍銃撃事件が起きなければ、このような自民党と旧統一教会の癒着ぶりは表に出ることはなかっただろう。

投票集計機器を用いた不正選挙

私は日本における不正選挙をこれまで告発してきた一人である。

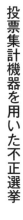

例えば、自民党が民主党から政権を奪取した2012年12年16日に行われた衆議院選挙では、選挙用の票を読み取る機械のほとんどが「株式会社ムサシ」という企業のものだった。

この企業はもともと岸信介がつくったといわれており、さらにその株主をたどっていくと、ロックフェラー系の金融資本にたどり着いた。つまり、株式会社ムサシはハザールマフィアの息がかかった企業だったのだ。現在のところ、このムサシ製の読み取り機が不正を行ったという証拠は出ていないが、何とも疑いたくなる事実ではある。

しかし、このような読み取り機の不正を利用しなくても良かったのかもしれない。自民党には選挙に協力してくれる旧統一教会という存在があったからだ。

選挙の不正はまだまだある。「河井克行・案里両議員夫妻の買収問題」で明らかになったような買収も、闇の中で横行していたのだ。

河井克行・案里両議員夫妻の買収問題とは、2019年7月21日に行われた参議院選挙の広島県選挙区で、自民党から立候補していた河井案里を当選させるために、その夫である衆議院議員の河井克行が地方議員に対して大規模な買収行為を行ったことだ。すでにその行為が事実であったとする判決も確定している。ただし、このときの1億5000万円にものぼる買収資金が当時自民党総裁だった安倍元首相から出ていたものではないかという疑惑は、ウヤムヤにされたままになっている。

しかも、このような票の買収行為が明らかになったのは、これだけではない。例えば京都の自民党府連では、国政選挙の前に地方議員にお金が配られている実態が判明し、選挙買収ではないかと大きな問題になった。2022年2月に京都の弁護士たちにより刑事告発もされている。

さらに新潟でも、2021年10月に行われた衆議院選挙において、自民党の衆議院議員が立候補した際に、同じ自民党の県会議員から裏金を要求されたことを告発している。

立て続けに明らかにされた買収問題を見ると、これらはほんの氷山の一角にすぎず、水面下では頻繁に行われていたのではないかと疑いたくなる。いや、実際に行われてきたのだ。そうでなかったら、「河井克行・案里両議員夫妻の買収問題」のようなことは起きなかった。自民党は河井をどうしても勝たせたいために、1億5000万円もの巨額の資金をポンと手渡した。日頃からこのような行為をしているからこそ、何の躊躇《ちゅうちょ》もなくお金を出すことができたのだ。

どちらにせよ安倍元首相は、自民党と旧統一教会との関係や「河井克行・案里両議員夫妻の買収問題」など、その真相を知っていたはずだ。その他にも「モリカケ問題」など、さまざまな疑惑があった。

安倍元首相があのような形で亡くなったことは残念だったが、私が強く思うことは、彼が裁判ですべての真実を話し、きちんと法で裁かれるべきだったということである。

日本は「闇の支配者」と決別できるか

このように、これまで闇に隠れていた自民党と旧統一教会との関係や、不正選挙の実態などが現在、暴かれつつある。これは、さまざまな形で日本を操ってきた黒幕、すなわちハザールマフィアの力が弱くなっている証拠だといえる。

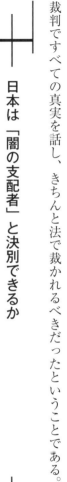

日本が今までのように「闇の支配者」であるハザールマフィアの言いなりになったままでは、決して明るい未来はない。すでに日本の一部権力側の人間たちが、「これ以上、ハザールマフィアの下請けをするつもりはない」と水面下で声を上げている。これまで旧統一教会と自民党の関係は、テレビなどで取り上げられることはなかった。しかし現在、連日のようにマスコミで報じられるようになったのも、そうした裏の動きがあったからである。

先にも触れたが、これまでは「ジャパンハンドラーズ」と呼ばれている存在が、日本の裏の支配者といわれてきた。そのメンバーは、ハザールマフィアからの実質的な命令書であるアーミテージ・ナイレポートをまとめているリチャード・アーミテージや、CSISに所属しているマイケル・グリーンといった人物たちだった。そこに太平洋指令官といったアメリカ軍の代表も加わっている。

ところが、このジャパンハンドラーズも、アメリカ国内のハザールマフィアの弱体化とともに力が弱まってきている。彼らはすでに日本から逃げ出したという情報も寄せられているほどだ。日本も近い将来、ハザールマフィアの支配から解放されることになるかもしれない。

現在の岸田文雄政権の支持率を見ても、どの世論調査でも軒並み低く、2022年11月現在、内閣発足後最低を更新している状態だ。

このような状況を前にして、岸田首相は相当にあせっているはずである。円安ドル高の傾向はここに来て幾分おさまり、2022年11月11日には約2カ月ぶりに1ドル138円台まで値を戻したが、この先どちらの方向に振れるのかはまったく不透明なままだ。

さらに、新型コロナウイルスにしても第8波が襲ってくるといわれており、すでに12月に向かって感染者が増加していると報道されている。

ロシアによるウクライナ侵攻も、すでに勝負がついたという情報を私は入手しているが、まだまだ予断を許さない状況だという報道が続いている。

ハザールマフィアは相も変わらず、世界を混乱に陥れようとあおり続けており、本格的な冬を迎えるにあたってエネルギー危機もいっそう強まることだろう。

岸田政権はハザールマフィアと今後どう付き合っていけばいいのか。

確実に言えることとは、アメリカの崩壊が始まっている現在、これまでのような体制では日本は持たないということだ。

実は日本がハザールマフィアと決別したかのような動きがあることも確認されている。というのは、日本はこれまでアメリカを支えるためにアメリカ国債を大量に買い続けてきたと先に述べたが、２０２２年9月に日本と中国が１１８０億ドル（約16兆円）分のアメリカ国債を売却しているのだ。これは「投げ売り」といっていいレベルの記録的なペースだ。

さらに２０２２年11月4日に日本政府は、経済産業省や日本の商社などでつくる「サハリン石油ガス開発株式会社」が、ロシア政府が新設したロシア極東サハリン沖の石油・天然ガス開発事情「サハリン１」の運営会社に参画することを正式に決定した。これはロシアへの制裁を呼びかけているアメリカに対しての事実上の決別宣言とも受け取れなくはない。

もちろん、これらをもって日本が、アメリカとその後ろにいるハザールマフィアと完全に決別したとは今のところ言いきれない。

岸田政権の今後の動向に注目したいと思う。

おわりに

これまで世界を支配してきたハザールマフィアの力は、確実に弱まってきている。
ハザールマフィアに荷担してきた西側諸国の政変も、今後さらに起こっていくことだろう。大きなポイントは、ドイツがいつNATOを離脱するか、フランス政府はいつ崩壊するか、そしてアメリカのバイデン劇場はいつ終わりを迎えるか、などである。

第2次世界大戦後の世界経済は、アメリカの自国通貨であるドルを国際基軸通貨と認めさせた「ブレトンウッズ会議」から始まっているといっても過言ではない。

その会議が開かれた際、ドルの価値を裏付けるために金（ゴールド）を提供したのは、アジアの王族や豪族たちだった。彼らは第2次世界大戦で疲弊した世界経済を立て直すために、ハザールマフィアに協力することを選んだのだ。

しかし、「ニクソンショック」や「アメリカ同時多発テロ事件」などを経て、ドルの信用は一気に失墜していった。アジアの王族たちは、ハザールマフィアに預けていた金を引き上げ、すでに自分たちで管理しているという情報が入ってきている。つまり、ハザールマフィアの基盤であった世界の金融システムが足元から崩れているということだ。ハザールマフィアの崩壊は、こちらが思っているよりも早く訪れるのかもしれない。

それでも、世界はまだまだ混沌の中にある。

この先、ハザールマフィアが崩壊したときに現在の状況を振り返ってみたら、一瞬の出来事だったと思えるかもしれない。しかし、現在進行中の混沌の中に身を置いているといってもいい現状では、まるでスローモーションを見ているようにさえ感じる。だからこそ先行きが不透明のように思え、どこか歯がゆい気持ちすらする。

しかし、今から約30年前に誰がソ連の崩壊を予想できただろうか。東西冷戦が終結することなど、ベルリンの壁が崩壊する直前まで考えられなかった人がほとんどではないだろうか。それと同じことが今、起きようとしているのだ。

私たちはしっかりと見届けなければいけない。

それは第2次世界大戦の敗戦国である日本が再び「真の独立国家」となるために、どうしても通らなければならない道だからである。

2022年12月

ベンジャミン・フルフォード

破滅する世界経済と日本の危機

2023年1月9日　第1刷発行

著者　ベンジャミン・フルフォード
Benjamin Fulford

発行所　株式会社かや書房
〒162-0805
東京都新宿区矢来町113　神楽坂升本ビル3F
電話　03（5225）3732
FAX　03（5225）3748

装丁　吉原大二郎（有限会社グラフィカ）
発行人　岩尾悟志
編集人　末永考弘
印刷所　中央精版印刷株式会社

ISBN 978-4-910364-23-0　C0036